HEMEL

II

Die twaalf poorte is twaalf pêrels.
Elkeen van die poorte is uit een pêrel gemaak.
Die strate van die stad is van suiwer goud, blink soos 'n spieël.
(Die Openbaring 21:21)

HEMEL

II

GEVUL MET GOD SE GLORIE

DR. JAEROCK LEE

HEMEL II deur Dr. Jaerock Lee
Gepubliseer deur Urim Boeke (Verteenwoordiger: Kyungtae Noh)
235-3, Guro-dong 3, Guro-gu, Seoul, Korea
www.urimbooks.com

Alle regte voorbehou. Hierdie boek of dele daarvan, mag nie gereproduseer, in 'n data-sentrum geberg of vermenigvuldig word, in enige vorm of deur enige medium – elektronies, meganies, fotografies, fonografies of enige ander vorm van opname, sonder die vooraf skriftelike toestemming van die uitgewer nie.

Alle Teksverwysings is geneem vanuit Die Bybel, Nuwe Vertaling, (met herformulerings) 1975, 1979, 1983, 1986 deur die Bybelgenootskap van Suid-Afrika.

Kopiereg 2011 deur Dr. Jaerock Lee
ISBN: 979-11-263-1249-8 03230
Vertaling Kopiereg 2004 deur Dr. Esther K. Chung. Gebruik met toestemming.

Voorheen in 2002 in Koreaans deur Urim Boeke gepubliseer

Eerste Uitgawe Julie 2004
Tweede Uitgawe April 2009
Derde Uitgawe Augustus 2009
Vierde Uitgawe Desember 2011

Gededigeer deur Dr Geumsun Vin
Ontwerp deur die Redaksionele Buro, Urim Boeke
Vir meer inligting kontak asseblief, urimbook@hotmail.com

Voorwoord

Biddend dat jy God se ware kind sal word en die ware liefde en ewige blydskap en vreugde, in Nuwe Jerusalem sal deel, waar God se liefde oorvloedig is...

Ek gee alle dank en glorie aan God die Vader, wie aan my die lewe in die hemel so helder openbaar het, en ons geseën het, om Hemel I: So Helder en Pragtig soos Kristal, en nou Hemel II: Gevul met God se Glorie, te publiseer.

Ek het daarna uitgesien om meer te weet aangaande die hemel, en aangehou om te bid en te vas. Na sewe jaar, het God my gebedes verhoor en vandag, openbaar Hy dieper geheime omtrent die geestelike koninkryk.

In die eerste van die twee-dele van die Hemel reeks, skets ek kortliks die verskillende woonplekke in die hemel, deur dit in die Paradys, die Eerste Koninkryk, die Tweede Koninkryk, die Derde Koninkryk en Nuwe Jerusalem te verdeel. Die tweede deel sal in meer besonderhede die pragtigste en heerlikste woonplek in die hemel, Nuwe Jerusalem ondersoek.

Die God van liefde het Nuwe Jerusalem aan die apostel Johannes gewys en hom toegelaat, om dit in die Bybel op te teken. Vandag, omdat die Here se Wederkoms baie naby is, stort God die Heilige Gees oor ontelbare mense uit, en word die hemel in die fynste besonderhede openbaar. Dit is so dat ongelowiges regoor die wêreld sal kom en glo in die hiernamaals wat uit die hemel en die hel bestaan, en hulle wie bely het dat hulle in Christus glo, sal seëvierende lewens in Hom lei, en probeer om die evangelie regoor die wêreld te versprei.

Dit is waarom die apostel Paulus, wie in beheer was om die evangelie aan die nie-Jode te verkondig, sy geestelike seun Timoteus vermaan het, deur te sê, "Maar bly jy in alle omstandighede nugter, verdra lyding, doen jou werk as verkondiger van die evangelie, voer al die pligte van jou bediening uit" (2 Timoteus 4:5).

God het die hemel en die hel duidelik aan my openbaar, sodat ek dit vir die jare wat nog mag kom, die inligting na die vier uithoeke van die wêreld kan versprei. God wil hê dat alle mense die saligheid moet ontvang; Hy wil nie sien dat 'n enkele siel in die hel beland nie. Verder, God wil soveel as moontlik mense sien wie Nuwe Jerusalem ingaan, en ewigdurend daar woon.

Dus, niemand behoort hierdie God-gegewe boodskappe, soos deur die inspirasie van die Heilige Gees geopenbaar, te beoordeel of te veroordeel nie.

In Hemel II sal jy 'n groot hoeveelheid geheime omtrent die hemel vind, soos God wie voor die begin van tyd reeds bestaan het, se wederkoms, die troon van God, en so meer. Ek glo dat sulke besonderhede en verklarings, al daardie mense, wie ernstig na die hemel uitsien, waar daar ontsaglik baie vreugde en blydskap is, van die nodige inligting sal voorsien.

Die stad Nuwe Jerusalem, is saamgestel met 'n onmeetbare liefde en verbasende krag van God, en is met Sy glorie gevul. In Nuwe Jerusalem is die geestelike piek waar God Homself in die Drie-eenheid gevorm het, om sodoende die menslike ontwikkeling uit te voer, en die egte troon van God. Kan jy jouself voorstel hoe manjifiek, pragtig en helder die hele plek moet wees? Dit is so 'n fantastiese en heilige plek, dat geen menslike wysheid dit moontlik kan voorstel en begryp nie!

Daarom, moet jy besef dat Nuwe Jerusalem, nie aan almal wie die saligheid ontvang, toegeken word nie. Inteendeel, dit word slegs aan God se kinders, wie se harte na die ontwikkeling in die wêreld vir 'n lang tydperk, na vore as so suiwer en helder soos kristal getree het.

My spesiale dank gaan aan Geumsun Vin, Direkteur van die Redaksionele Buro en die personeel, asook die Vertalings Buro vir hierdie publikasie.

In die naam van die Here seën ek elkeen wie ookal hierdie boek mag lees, om 'n ware kind van God te word, en ware liefde en die ewigdurende blydskap en vreugde in Nuwe Jerusalem, wat met God se glorie gevul is, te deel!

Jaerock Lee

Inleiding

Hoopvol dat jy geseën sal word, wanneer jy in die fynste besonderhede omtrent Nuwe Jerusalem uitvind, en ewiglik so na as moontlik, in die hemel naby die troon van God woon...

Ek gee alle dank en glorie aan God, wie ons geseën het om Hemel I: So Helder en Pragtig soos Kristal en nou sy vervolg, Hemel II: Gevul met God se Glorie, te publiseer.

Hierdie boek bestaan uit nege hoofstukke, waarvan elkeen 'n duidelike beskrywing voorsien van die heiligste en mooiste woonplek in die hemel, Nuwe Jerusalem, ten opsigte van sy grootte, prag en die lewe wat daarin bestaan.

Hoofstuk 1, "Nuwe Jerusalem: Gevul met God se Glorie," voorsien 'n oorsig van Nuwe Jerusalem en verduidelik geheime soos die troon van God, en die plek van die geestelike koninkryk, waar God Homself tot die Drie-eenheid gevorm het.

Hoofstuk 2, "Name van die Twaalf Stamme en Twaalf

Apostels," verduidelik die buitenste voorkoms van die Stad, Nuwe Jerusalem. Dit is omring deur hoë en ontsaglike mure, en die name van die Twaalf Stamme van Israel is op al twaalf die Stad se hekke, aan al vier kante gegraveer. Op die twaalf fondamente van die Stad is die name van die Twaalf Apostels, en die rede asook die betekenis van elke gravering sal uiteengesit word.

In Hoofstuk 3, "Die Grootte van Nuwe Jerusalem," sal jy die voorkoms en die afmetings van Nuwe Jerusalem ontdek. Hierdie hoofstuk verduidelik waarom God die grootte van Nuwe Jerusalem met 'n goue riet afgemeet het, en om die Stad te kan ingaan en daar te woon, moet iemand al die vereiste geestelike kwalifikasies besit, soos deur die goue riet gemeet. Dit bespreek ook waarom die wydte, lengte en hoogte van die Stad, Nuwe Jerusalem onderskeidelik 6,000 Ri, volgens die tradisionele Koreaanse mates is.

Hoofstuk 4, "Gemaak van Suiwer Goud en Juwele met Alle Kleure," ondersoek in besonder elke materiaal waarvan die Stad, Nuwe Jerusalem, gebou is. Die hele Stad is versier met suiwer goud en ander kosbare stene, en die hoofstuk beskryf die skoonheid van hulle kleure, glans en ligte. Verder, die rede waarom God die mure van die Stad met jaspis verfraai het, en die hele Nuwe Jerusalem met suiwer goud, is omdat dit so helder soos glas is. Die hoofstuk bespreek ook die belangrikheid van geestelike geloof.

In Hoofstuk 5, "Die Betekenis van die Twaalf Fondamente," sal jy leer omtrent die mure van Nuwe Jerusalem, wat op twaalf fondamente gebou is, asook die skoonheid en geestelike betekenis van jaspis, saffier, melksteen; smarag, sardoniks; karneool, goudsteen, seewatersteen, topaas, chrisopaas, hiasint, en purper. Wanneer jy die geestelike betekenis van elk van die twaalf juwele bymekaar tel, sal jy die harte van Jesus Christus en God bemerk. Die hoofstuk moedig jou aan, om die harte soos deur die twaalf juwele gesimboliseer, ten uitvoer te bring, sodat jy die Stad, Nuwe Jerusalem, kan ingaan en tot in alle ewigheid daar kan woon.

Hoofstuk 6, "Die Twaalf Pêrelhekke en die Goue Pad," verduidelik die redes en die geestelike betekenis van God se skepping, van die twaalf pêrelhekke en die goue pad wat so helder soos glas is. Net soos wat 'n skulp 'n kosbare pêrel voortbring, nadat dit groot pyn verduur het, bemoedig hierdie hoofstuk jou om na die Twaalf Pêrelhekke van Nuwe Jerusalem te hardloop, om alle soorte beproewinge en ontberings in liefde en hoop te oorkom.

Hoofstuk 7, "Die Betowerende Toneel," neem jou na die binnekant van Nuwe Jerusalem, wat altyd helder verlig is. Jy sal die betekenis leer van die geestelike frase, "God en die Lam se tempel," die grootte en skoonheid van die kasteel waarin die Here woon, en die glorie van die mense wie Nuwe Jerusalem sal ingaan, om saam met die Here die ewigheid te bestee.

Hoofstuk 8, "Ek het die Heilige Stad, Nuwe Jerusalem, Gesien," skets vir jou die huis van 'n individu, tussen baie ander wie gelowige en heilige lewens op die aarde gelei het, wie groot toekennings in die hemel sal ontvang. Jy sal 'n vlugtige blik van die gelukkige dae kry, wat in Nuwe Jerusalem voorlê, deur te lees van verskeie grootte en prag van hemelse huise, baie soorte fasaliteite en die lewe in die hemel as 'n geheel.

Die negende en finale Hoofstuk, "Die Eerste Feesmaal in Nuwe Jerusalem," neem jou na die skouspel van die eerste feesmaal wat in Nuwe Jerusalem sal plaasvind, na die Oordeel van die Groot Wit Troon. Terwyl die inleiding begin, met van sommige van die voorvaders van geloof, wie naby God se troon woon, sluit Hemel II af met seëninge aan elke leser om 'n hart so suiwer en helder soos kristal te hê, sodat hy/sy in staat sal wees om in Nuwe Jerusalem, nader aan God se troon te kan woon.

Hoe meer jy omtrent die hemel leer, hoe wonderliker word dit. Nuwe Jerusalem, wat beskou kan word as die "kern" van die hemel, is waar jy God se troon sal aantref. Indien jy van Nuwe Jerusalem se skoonheid en glorie weet, sal jy sekerlik en ernstig hoop vir die hemel en helderdenkend omtrent jou lewe in Christus wees.

Aangesien die tyd van Jesus se wederkoms, nadat hy vir ons klaar plek in die hemel gereed gemaak het, vandag uitermate naby is, hoop ek dat met Hemel II: Gevul met God se Glorie dat jy ook vir die ewige lewe sal voorberei.

Ek bid in die naam van die Here Jesus Christus dat jy ook in staat sal wees om naby God se troon te woon, deur jouself te heilig met die ywerige hoop van die lewe in Nuwe Jerusalem, en getrou in al jou God-gegewe pligte sal wees.

Geumsun Vin,
Direkteur van die Redaksionele Buro

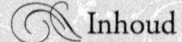 Inhoud

Voorwoord

Inleiding

Hoofstuk 1 **Nuwe Jerusalem: Gevul met God se Glorie • 1**

    1. In Nuwe Jerusalem is God se Troon
    2. Die Oorspronklike Troon van God
    3. Die Bruid en die Lam
    4. Blink soos Skitterende Juwele en Helder soos Kristal

Hoofstuk 2 **Name van die Twaalf Stamme en Twaalf Apostels • 15**

    1. Twaalf Engele Bewaak die Hekke
    2. Name van die Twaalf Stamme van Israel op die Twaalf Hekke Gegraveer
    3. Name van die Twaalf Apostels op die Twaalf Fondamente Gegraveer

Hoofstuk 3 **Die Grootte van Nuwe Jerusalem • 35**

    1. Gemeet met Goue Riet
    2. 'n Kubus-vormige Nuwe Jerusalem

Hoofstuk 4 **Gemaak van Suiwer Goud en Juwele met Alle Kleure • 45**

    1. Verfraai Met Suiwer Goud en Alle Soorte Juwele
    2. Die Mure van Nuwe Jerusalem Gemaak van Jaspis
    3. Gemaak van Suiwer Goud Soos Helder Glas

Hoofstuk 5 **Die Betekenis van die Twaalf Fondamente • 57**

    1. Jaspis: Geestelike Geloof
    2. Saffier: Opregtheid en Integriteit
    3. Melksteen: Onskuldige en Offeringsliefde
    4. Smarag: Regverdigheid en Reinheid
    5. Sardoniks: Geestelike Getrouheid
    6. Karneool: Hartstogtelike Liefde
    7. Goudsteen: Genade
    8. Seewatersteen: Geduld
    9. Topaas: Geestelike Goedheid
    10. Chrisopraas: Selfbeheersing
    11. Hiasint: Vlekkeloosheid en Heiligheid
    12. Purper: Skoonheid en Sagtheid

Hoofstuk 6 **Die Twaalf Pêrelhekke en die Goue Pad • 105**

    1. Die Twaalf Hekke Gemaak van Pêrels
    2. Strate Gemaak van Suiwer Goud

Hoofstuk 7 **Die Betowerende Toneel • 121**

    1. Geen Behoefte aan Sonskyn of Maanlig nie
    2. Die Verrukking van Nuwe Jerusalem
    3. Ewigdurend met die Here Ons Bruidegom
    4. Die Glorie van Nuwe Jerusalem se Inwoners

Hoofstuk 8 **"Ek het die Heilige Stad, Nuwe Jerusalem, Gesien" • 147**

    1. Hemelse Huise van Ondenkbare Groottes
    2. 'n Pragtige Kasteel met Volkome Privaatheid
    3. Besienswaardighede van die Hemel

Hoofstuk 9 **Die Eerste Feesmaal in Nuwe Jerusalem • 179**

    1. Die Eerste Feesmaal in Nuwe Jerusalem
    2. Profete in die Eersterangse Groep in die Hemel
    3. Pragtige Vroumense in God se Oë
    4. Maria Magdalena Woon Naby God se Troon

Hoofstuk 1

Nuwe Jerusalem: Gevul met God se Glorie

1. In Nuwe Jerusalem is God se Troon

2. Die Oorspronklike Troon van God

3. Die Bruid van die Lam

4. Blink soos Skitterende Juwele en Helder soos Kristal

"Ek is toe deur die Gees meegevoer en die engel het my na 'n groot hoë berg toe geneem en die heilige stad Jerusalem vir my gewys, wat van God af uit die hemel uit afkom. Die stad het die heerlikheid van God: sy glans is soos dié van die kosbaarste edelsteen, soos 'n kristalhelder opaal."

- Die Openbaring 21:10-11 -

Die hemel is 'n koninkryk in die vier-dimesionele wêreld, wat deur die God van liefde beheer en deur Homself regeer word. Alhoewel dit nie met die blote oog sigbaar is nie, bestaan die hemel sekerlik. Hoeveel blydskap, vreugde, dankseggings en glorie vloei daar nie in die hemel, aangesien dit die beste geskenk is wat God vir sy kinders voorberei het, wie die saligheid ontvang het?

Nogtans, is daar verskillende woonplekke in die hemel. Daar is Nuwe Jerusalem waar God se troon is, en daar is ook die Paradys waar mense wie beswaarlik gered is, ewigdurend kan woon. Net soos wat die lewe in 'n hut en die die lewe in 'n koning se kasteel beduidend op selfs die aarde verskil, is daar 'n groot verskil in glorie tussen, om die Paradys in te gaan en om Nuwe Jerusalem te kan ingaan.

Nietemin, sommige gelowiges beskou "hemel" en "Nuwe Jerusalem" as dieselfde, en sommiges van hulle weet selfs nie dat daar 'n Nuwe Jerusalem is nie. Hoe treurig is dit! Dit is nie maklik om die hemel te bemagtig nie, selfs al weet jy daarvan. Hoe, dan, kan iemand na Nuwe Jerusalem gaan, sonder om daarvan te weet?

Daarom het God Nuwe Jerusalem aan die apostel Johannes openbaar, en hom toegelaat om dit met volle besonderhede in die Bybel op te teken. Die Openbaring 21 verduidelik Nuwe Jerusalem breedvoerig, terwyl Johannes aangeraak was, deur net na die buitekant daarvan te kyk.

Hy het in Die Openbaring 21:10-11 bely, "Ek is toe deur die Gees meegevoer en die engel het my na 'n groot hoë berg toe geneem en die heilige stad Jerusalem vir my gewys, wat van God af uit die hemel uit afkom. Die stad het die heerlikheid van God: sy glans is soos dié van die kosbaarste edelsteen, soos 'n kristalhelder opaal."

Waarom, dan, is Nuwe Jerusalem vol van God se glorie?

1. In Nuwe Jerusalem is God se Troon

In Nuwe Jerusalem is die troon van God. Hoe vol van God se glorie moet Nuwe Jerusalem nie wees nie, aangesien God Homself daarin woon?

Dit is waarom jy kan sien dat mense gee dag en nag, volgens Die Openbaring 4:8 glorie, dank en eer aan God: "Elkeen van die vier lewende wesens het ses vlerke gehad, wat aan die bokant en aan die onderkant vol oë was. Hulle het dag en nag sonder om te rus, gesê: 'Heilig, heilig, heilig is die Here God, die Almagtige, Hy wat was en wat is en wat kom.'"

Nuwe Jerusalem word ook die "Heilige Stad" genoem, omdat dit hernuwe is deur die Woord van God, wie betroubaar, vlekkeloos en die lig self is, sonder enige duisternis in Hom gevind.

Jerusalem is die plek waar Jesus, wie in vlees gekom het, om die weg na die saligheid vir die mensdom te baan, die evangelie verkondig het om die Wet met liefde te vervul. Daarom, het God Nuwe Jerusalem gebou vir alle gelowiges, wie die Wet met liefde vervul, om in te woon.

God se troon in die middel van Nuwe Jerusalem

Dus, waar in Nuwe Jerusalem is God se troon? Die antwoord word aan ons in Die Openbaring 22:3-4 openbaar:

Daar sal niks meer wees wat deur God vervloek is nie. Die troon van God en van die Lam sal in die stad wees, en sy dienaars sal Hom dien. Hulle sal Hom sien, en sy Naam sal op hulle voorkoppe wees.

Die troon van God is in die middel van Nuwe Jerusalem geleë, en slegs hulle wie God se Woord soos 'n gehoorsame dienaar eerbiedig, kan daar ingaan en God se gesig sien.
Dit is omdat God vir ons in Hebreërs 12:14 gesê het, "Beywer julle vir vrede met alle mense asook 'n heilige lewe, waarsonder niemand die Here sal sien nie," en in Matteus 5:8, "Geseënd is dié wat rein van hart is, want hulle sal God sien." Daarom, behoort jy te besef dat nie elkeen Nuwe Jerusalem, wat God se troon huisves, kan ingaan nie.
 Waarna lyk die troon van God? Sommiges mag dink dit lyk soos 'n groot stoel, maar dit is nie so nie. In 'n beperkte betekenis, staan dit vir 'n sitplek waarop God sit, maar in breër verband, verwys dit na God se woonplek.
Dus, "God se troon" verwys na God se woonplek, en rondom Sy troon in die middel van Nuwe Jerusalem, is daar reënboë van die vier en twintig ouderlinge.

Reënboë en trone van die vier en twintig ouderlinge

Jy kan die skoonheid, heerlikheid en grootte van God se troon in Die Openbaring 4:3-6 aanvoel:

Sy voorkoms was soos opaal en karneool. Om die troon was daar 'n reënboog met die glans van smarag. Reg rondom die troon was daar vier en twintig ander trone, en op die trone het daar vier en twintig ouderlinge gesit. Hulle het wit klere aangehad, en op hulle koppe was daar goue krone. Daar het weerligstrale, en donderslae van die troon af gekom. Vlak voor die troon het sewe fakkels helder gebrand. Dit is die sewe Geeste van God. Voor die troon was dit soos 'n spieëlgladde see, helder soos kristal. Naby, rondom die troon, was daar vier lewende wesens, vol oë van voor en van agter.

God word deur baie engele en hemelse gashere bedien. Daar is ook baie ander geestelike wesens, soos engele en die vier lewende wesens, wie Hom beskerm.

Die see van glas is ook voor die troon van God versprei. Die skouspel daarvan is so pragtig, met baie soorte ligte wat die troon van God omring, en dan op die see van glas weerkaats word.

Hoe word die troon van God deur die vier en twintig ouderlinge omring? Twaalf van hulle is agter die Here geplaas, terwyl die ander twaalf agter die Heilige Gees geplaas is. Hierdie vier en twintig ouderlinge is individuele heiliges en het die reg om voor God te getuig.

Die troon van God is so pragtig, manjifiek en groot, verby die menslike denke.

2. Die Oorspronklike Troon van God

Handelinge 7:55-56 vertel die verhaal van Stefanus, wie die troon gesien het, waar die Lam aan God se regterhand van die troon staan:

Maar Stefanus, vol van die Heilige Gees, het opgekyk na die

hemel en die heerlikheid van God gesien en Jesus wat aan die regterhand van God staan. "Kyk," het hy gesê, 'ek sien die hemel geopen en die Seun van die mens wat aan die regterhand van God staan.'

Stefanus het 'n martelaar geword, deur gestenig te word, terwyl hy dapperlik Jesus Christus verkondig het. Net voordat Stefanus gesterf het, het sy geestelike oë oopgegaan en hy kon die Here, aan die regterkant van God se troon sien staan. Die Here kon nie bly sit nie, wetende dat Stefanus spoedig 'n martelaar sou word, by die Jode wie na sy boodskap geluister het. Daarom het die Here vanaf Sy troon opgestaan en trane gestort, terwyl Hy toegekyk het hoe Stefanus tot die dood gestenig word. Stefanus het hierdie toneel met sy geopende geestelike oë gesien.

Eweneens, Stefanus het God se troon gesien waar God en die Here woon, en jy moet besef dat hierdie troon verskil van die een wat die apostel, Johannes, in Nuwe Jerusalem gesien het. Die troon van God wat Stefanus gesien het, is die oorspronklike troon van God.

In die ou dae, wanneer die koning sy paleis verlaat het om die land te verken en die mense te besoek, het sy personeel gewoonlik vir hom 'n plek gebou, gelyksoortig aan sy paleis, om tydelik daarin te bly. Op dieselfde wyse, is God se troon in Nuwe Jerusalem nie die troon waar God gewoonlik bly nie, maar die een waar Hy vir kort periodes bly.

Die oorspronklike troon van God in die begin

God het alleen bestaan, en die heelal omhels, voor die ontstaan van tyd (Eksodus 3:14; Johannes 1:1; Die Openbaring

7

22:13). Die heelal was toe nie dieselfde as wat ons oë vandag sien nie, maar was een enkele ruimte, voordat dit in die geestelike en fisiese wêrelde verdeel is. God het as die lig bestaan en die hele heelal laat skitter.

Hy was nie net 'n enkel ligstraal nie, maar het as sulke skitterende pragtige ligte bestaan, wat soos 'n watervloed verskillende kleure van 'n reënboog voortbring. Jy mag dit dalk beter verstaan, indien jy aan die dagbreek rondom die Noordpool dink. Met dagbreek word 'n groep verskillende kleure van lig, versprei soos 'n gordyn, en dit word gesê dat wie ookal die pragtige gesig een keer gesien het, sal die skoonheid daarvan nooit vergeet nie.

Dus, hoeveel mooier moes die ligte van God, wie self die Lig is, nie gewees het nie, en hoe kan ons die prag van so baie pragtige, gemengde ligte beskryf?

Dit is waarom 1 Johannes 1:5 sê, "Dit is nou die boodskap wat ons by Hom gehoor het en aan julle verkondig: God is lig, en daar is geen duisternis in Hom nie." Die rede waarom dit gesê word, dat "God is Lig," is nie alleenlik om die geestelike mening dat God geen duisternis in Hom het nie, uit te druk nie, maar ook om God se voorkoms te beskryf, toe Hy voor die ontstaan van tyd, as lig bestaan het.

Hierdie selfde God, wie voor die ontstaan van tyd alleen as die lig in die heelal bestaan het, was met 'n stem gevul. God het bestaan as die lig gevul met 'n stem, en hierdie stem is "die Woord" waarop Johannes 1:1 sinspeel: "In die begin was die Woord daar, en die Woord was by God, en die Woord was self God."

In die ruimte waar God as lig met 'n welluidende stem

bestaan, is daar afsonderlike ruimtes vir die Vader, die Seun en die Heilige Gees om individueel te bly en te rus. In die gebied waar God se oorspronklike troon in die begin was, is daar 'n ruimte vir rus, kamers vir gesprekvoerings en ook wandelpaaie.

Slegs baie spesiale engele en hulle wie se harte met God se eie hart ooreenkom, word in hierdie ruimte toegelaat. Hierdie plek is afsonderlik, verborge en veilig. Boonop, hierdie plek wat die troon van God Drie-enig huisves, is geleë in die ruimte waar God in die begin, alleen bestaan het en dit is in die vierde hemel, afsonderlik van Nuwe Jerusalem wat in die derde hemel is.

3. Die Bruid van die Lam

God wil hê dat alle mense met Sy eie hart ooreenkom, en Nuwe Jerusalem ingaan. Nogtans, Hy toon steeds Sy genade aan hulle wie nie tydens die menslike ontwikkeling, hierdie vlak van heiliging ten uitvoer gebring het nie. Hy verdeel die koninkryk van die hemel in baie woonplekke, van die Paradys tot die Eerste, Tweede en Derde Koninkryke van die Hemel en maak toekennings, aan Sy kinders ooreenkomstig met wat hulle gedoen het.

God gee Nuwe Jerusalem aan Sy ware kinders, wie volkome heilig is en volgens Sy wil gelowig was. Hy het Nuwe Jerusalem ter nagedagtenis aan Jerusalem gebou, die fondasie van die evangelie, en as 'n nuwe veilige hawe om alles te bevat wat hulle volledig voltooi het, aangaande die wet, met liefde.

Ons kan in Die Openbaring 21:2 lees dat God Nuwe Jerusalem so pragtig voorberei het, dat die Stad vir Johannes herinner het aan 'n bruid, wie pragtig vir haar bruidegom versier is:

En ek het die heilige stad, die nuwe Jerusalem, van God af uit die hemel uit sien afkom. Die stad was gereed soos 'n bruid wat vir haar man versier is.

Nuwe Jerusalem is soos 'n bruid pragtig versier

God berei pragtige woonplekke in die hemel voor, vir die bruide van die Here, wie hulleself pragtig gereed maak, om die Here Jesus as hulle geestelike bruidegom te ontvang, deur hulle harte te reinig. Die pragtigste plek tussen al die ewige woonplekke, is die Stad Nuwe Jerusalem.

Dit is waarom Die Openbaring 21:9 die Stad Nuwe Jerusalem, wat die mooiste vir die Here se bruide versier is, beskou as "Die bruid, die vrou van die Lam."

Hoe verruklik moet New Jerusalem nie wees, aangesien dit die beste geskenk is vir die bruide van die Here, wat die God van liefde Homself gereed gemaak het? Mense sal baie aangeraak word, wanneer hulle elkeen hul eie onderskeie huise ingaan. Gebou en versorg met God se liefde en deeglikheid, alles in die fynste besonderhede. Dit is omdat God elke huis maak, om elke eienaar se smaak, perfek te pas.

'n Bruid dien haar man, en voorsien vir hom 'n plek om te rus. Op dieselfde wyse, word die Here se bruide deur Nuwe Jerusalem gedien en gehuisves. Die plek is so gemaklik en veilig, dat mense met blyskap en vreugde gevul is.

Ongeag, hoe goed 'n vrou haar man in hierdie wêreld dien, kan sy nie die volmaakte vrede en vreugde voorsien nie.

Nietemin, die huise in Nuwe Jerusalem kan vrede en vreugde verskaf, wat onvergelykbaar is in hierdie wêreld, omdat daardie huise perfek gemaak is, om elke eienaar se smaak perfek te bevredig. Huise is pragtig en manjifiek gebou, ooreenkomstig die eienaars se voorkeure, omdat hulle vir die mense is wie se harte met God se hart ooreenkom. Hoe wonderlik en glinsterend moet hulle nie wees nie, omdat God in beheer van die konstruksie daarvan is nie?

Indien jy waarlik in die hemel glo, sal jy bly wees net om daaraan te dink dat so baie engele besig is om hemelse huise te bou, met goud en juwele deur God se wet uit te voer, om dit aan elke individu toe te ken, ooreenkomstig met wat hy gedoen het.

Kan jy jou voorstel hoeveel gelukkiger en vreugdevoller die lewe in Nuwe Jerusalem, wat jou soos 'n vrou dien en omhels, moet wees?

Hemelse huise is ooreenkomstig jou dade versier

Die hemelse huise is begin bou, selfs sedert onse Here opgestaan en opgevaar het na die hemel toe, en hulle word nou nog ooreenkomstig ons dade gebou. Dus, konstruksiewerke aan die huise van diegene wie se lewens op hierdie aarde tot 'n einde gekom het, is voltooi; die fondasies is gegiet en pilare van sommige huise gaan op; en die werk aan ander huise is feitlik voltooi.

Wanneer al die hemelse huise van die gelowiges voltooi is, sal die Here weer kom, maar hierdie keer in die lug:

In die huis van my Vader is daar baie woonplek. As dit nie so was nie, sou Ek nie vir julle gesê het Ek gaan om vir julle plek gereed te maak nie. En as Ek gegaan het en vir julle plek gereed gemaak het, kom Ek terug en sal julle na My toe neem sodat julle ook kan wees waar Ek is. (Johannes 14:2-3)

Die ewige woonplekke van die geredde mense, word tydens die Oordeel van die Wit Troon besluit.

Wanneer die eienaar sy of haar huis ingaan, nadat daar op die woonplek as toekenning besluit is, ooreenkomstig elkeen se mate van geloof, sal die huis volkome skitter. Dit is omdat die eienaar en die huis 'n perfekte paar maak, wanneer die eienaar sy of haar huis ingaan, net soos wat 'n man en 'n vrou een vlees word.

Hoe vol van God se glorie moet Nuwe Jerusalem wees, sedert dit die troon van God huisves, en baie huise gebou word vir God se ware kinders, wie ware liefde met Hom vir ewig kan deel?

4. Blink soos Skitterende Juwele en Helder soos Kristal

Toe hy deur die Heilige Gees gelei was, het die apostel Johannes groot ontsag getoon toe hy die Heilige Stad, Nuwe Jerusalem, gesien het. Hy kon net soos volg bely:

Ek is toe deur die Gees meegevoer en die engel het my na 'n groot hoë berg toe geneem en die heilige stad Jerusalem vir my gewys, wat van God af uit die hemel uit afkom. Die stad het die heerlikheid van God: sy glans is soos dié van die kosbaarste edelsteen, soos 'n kristalhelder opaal. (Die Openbaring 21:10-11).

Johannes het aan God glorie gegee, toe hy vanaf 'n baie hoë berg na die pragtige Nuwe Jerusalem afgekyk het, nadat hy deur die Heilige Gees meegevoer was.

Nuwe Jerusalem skitter met die glorie van God

Wat beteken dit om te sê, dat die glinstering van Nuwe Jerusalem wat skitter met die glorie van God is "soos 'n kosbare edelsteen, so kristalhelder soos opaal"? Daar is baie soorte juwele en hulle het verskillende name, ooreenkomstig hulle bestanddele en kleure. Om as kosbaar gereken te word, moet elke steen 'n pragtige kleur uitstraal. Dus, die uitdrukking "soos 'n kosbare edelsteen" gee te kenne dat, dit die voortreflikheid van skoonheid is. Johannes, die apostel, het die pragtige lig van Nuwe Jerusalem vergelyk met dit van 'n kosbare edelsteen, wat deur die mense as baie waardevol en mooi beskou word.

Verdermeer, Nuwe Jerusalem het kolossale en indrukwekkende huise, en dit is met hemelse ligte versier, wat verruklike ligstrale uitstraal, en jy kan sê dat die ligte skitter en pragtig is, selfs as jy na die Stad vanaf 'n afstand kyk. Nuwe Jerusalem blyk deur blouerige, wit ligte met baie glansryke kleure omvou te word. Hoe indrukwekkend en verruklik moet die gesig nie wees nie?

Die Openbaring 21:18 vertel vir ons dat die muur van Nuwe Jerusalem van opaal gebou is. Anders as donker opaal van hierdie aarde, het die hemelse opaal 'n blouerige kleur en is so pragtig en helder, dat wanneer jy daarna kyk, voel dit asof jy in helder water kyk. Dit is feitlik onmoontlik om die kleur se skoonheid, deur middel van die wêreld se dinge te beskryf. Miskien kan dit met 'n glinsterende blou lig wat op die deurskynende golwe weerkaats, vergelyk word. Bowendien, ons kan slegs die kleur daarvan as helder, blouerig en wit weergee. Opaal verteenwoordig sierlikheid en helderheid van God, en God se "regverdigheid" wat vlekkeloos, suiwer en eerlik is.

Daar is baie kristalsoorte, en in hemelse terme verwys dit na 'n kleurlose, deurskynende harde steen wat so skoon en helder, soos suiwer water is. Skoon en helder kristalle is sedert die ou dae wyd vir versiering gebruik, omdat dit nie alleenlik helder en deurskynend is nie, maar ook omdat dit pragtige ligte weerkaats.

Alhoewel kristalle nie baie duursaam is nie, weerkaats dit lig uitstekend, sodat dit soos reëboë vertoon. Bowendien, God het die glistering van glorie op die hemelse kristalle met Sy krag geplaas, so dit kan nie selfs met dit wat op die aarde gevind word, vergelyk word nie. Johannes, die apostel, probeer om die skoonheid, helderheid en glans van Nuwe Jerusalem aan die hand van kristalle uit te druk.

Die Heilige Stad, Nuwe Jerusalem, is met God se wonderlike glorie gevul. Hoe pragtig, mooi en glansend moet Nuwe Jerusalem nie wees, sedert dit die troon van God huisves, asook die plek waar God, Homself, na die die Drie-eenheid gevorm het nie?

Hoofstuk 2

Name van die Twaalf Stamme En Twaalf Apostels

1. Twaalf Engele Bewaak die Hekke

2. Name van die Twaalf Stamme van Israel op die Twaalf Hekke Gegraveer

3. Name van die Twaalf Apostels op die Twaalf Fondamente Gegraveer

"Die stad het 'n groot hoë muur met twaalf poorte. By die poorte is daar twaalf engele, en op die poorte is daar name geskrywe, dié van die twaalf stamme van die volk Israel. Aan die oostekant is daar drie poorte, aan die noordekant drie, en aan die suidekant drie en aan die westekant drie. Die stad se muur het twaalf fondamente, en daarop is daar ook twaalf name, dié van die twaalf apostels van die Lam."
- Die Openbaring 21:12-14 -

Nuwe Jerusalem is omring deur mure en ligte wat glinsterend skitter. Almal se monde sal oophang van verbasing, oor die grootte, prag, skoonheid en glorie van hierdie mure.

Die Stad is kubus-vormig en het drie hekke aan elke kant: oos, was, noord en suid. Daar is 'n totaal van twaalf hekke, wat ondenkbaar massief is. 'n Deftige en majestueuse engel bewaak elke hek, en die name van die twaalf stamme is op hierdie hekke gegraveer.

Rondom die mure van Nuwe Jerusalem is daar twaalf fondamente, waarop twaalf pilare staan, en die name van die twaalf dissipels is daarop aangebring. Alles in Nuwe Jerusalem is gemaak met die nommer 12, as basis, die nommer van lig. Dit is om elkeen te help om maklik te verstaan, dat Nuwe Jerusalem is die plek vir daardie kinders van die lig, wie se harte met God se hart ooreenkom. Hy wie Homself die lig is.

Laat ons nou na die redes kyk, waarom twaalf engele die hekke van Nuwe Jerusalem bewaak, asook waarom die name van die twaalf stamme regoor die Stad aangebring is.

1. Twaalf Engele Bewaak die Hekke

In die ou dae het baie soldate en wagte die hekke van kastele, waarin die konings of hooggeplaasdes oornag en gewoon het, bewaak. Hierdie voorsorgmaatreël was nodig, om die geboue van vyande en indringers te vrywaar. Nogtans, twaalf engele bewaak die hekke van Nuwe Jerusalem, alhoewel niemand daar kan ingaan of dit kan aanval nie, omdat die Stad God se troon huisves. Wat, dan, is die rede?

Om die rykes, gesag en glorie uit te druk

Die Stad Nuwe Jerusalem is ontsaglik groot en indrukwekkend, bokant jou voorstellingsvermoë. Die groot Verbode Stad van China, waarin keisers gewoonlik gewoon het, is net so groot soos 'n individu se huis in Nuwe Jerusalem. Selfs die grootte van die Groot Muur van China, een van die Sewe Wonders van die Antieke Wêreld, kan nie met dit van die Stad Nuwe Jerusalem vergelyk word nie.

Die eerste rede waarom daar twaalf engele die hekke bewaak, is om die rykdom en eer, mag en glorie te simboliseer. Selfs vandag, die kragtiges of die rykes het hulle eie privaat wagte in en om hulle huise, en dit vertoon die inwoners se rykdom en mag.

Dus, is dit vanselfsprekend dat engele in meer senior posisies die hekke van die Stad Nuwe Jerusalem, wat die troon van God huisves, bewaak. 'n Mens kan die gesag van God en die inwoners op 'n afstand aanvoel, deur net na die twaalf engele te kyk, wie se teenwoordigheid tot die skoonheid en glorie van Nuwe Jerusalem self bydra.

Om God se erkende kinders te beskerm

Wat, dan, is die tweede rede dat twaalf engele die hekke van Nuwe Jerusalem bewaak? Hebreërs 1:14 vra, "Is hulle dan nie almal geeste in diens van God, wat Hy uitstuur om dié te dien wat die saligheid gaan beërf nie?" God beskerm Sy kinders wat op die aarde woon, met Sy gloeiende oë en engele deur Hom gestuur. Dus, hulle wie volgens God se Woord lewe, sal nie deur Satan belaster word nie maar teen beproewinge, probleme, natuurlike en mensgemaakte rampe, siektes en ongelukke beskerm word.

Daar is ontelbare engele in die hemel wie hulle pligte uitvoer, ooreenkomstig God se bevele. Tussen hulle is daar engele wie elke daad van elke persoon, of hulle gelowiges is of nie, op rekord plaas en aan God rapporteer. Op die Oordeelsdag sal God selfs elke woord wat 'n individu geuiter het, onthou en elkeen ooreenkomstig sy of haar dade beloon.

Eweneens, alle engele is geeste waaroor God beheer het, en dit is vanselfsprekend dat hulle na God se kinders, selfs in die hemel sal omsien en beskerm. Natuurlik, daar sal nie ongelukke of gevare in die hemel wees nie, aangesien daar geen duisternis is wat aan die vyandige duiwel behoort nie, maar dit is hulle daaglikse plig om hulle meesters te dien. Hierdie pligte word deur niemand afgedwing nie, maar word vrywilliglik uitgevoer, ooreenkomstig die rangorde en harmonie van die geestelike koninkryk; dit is die natuurlike pligte wat aan die engele opgedra is.

Om die vreedsame orde in Nuwe Jerusalen te handhaaf

Wat, dan, is die derde rede dat twaalf engele die hekke van Nuwe Jerusalem bewaak?

Die hemel is 'n volmaakte, geestelike koninkryk sonder enige foute, en dit word perfek bestuur. Daar is geen haat, rusies of dwang nie, maar word slegs deur God se bevele bestuur en in stand gehou.

'n Huis wat onderling verdeeld is, sal tot 'n val kom. Op dieselfde wyse, kom selfs Satan se wêreld nie teen homself in opstand nie, maar werk volgens 'n sekere opdrag (Markus 3:22-26). Dus, hoeveel te meer sal God se koninkryk nie gevestig word, en volgens 'n opdrag werk nie?

Byvoorbeeld, feesmale wat in Nuwe Jerusalem plaasvind, geskied ooreenkomstig 'n opdrag. Die geredde siele in die Derde, Tweede, Eerste Koninkryke en die Paradys kan alleenlik Nuwe Jerusalem ingaan, op 'n uitnodiging-basis, weereens ooreenkomstig die geestelike opdrag. Daar, sal hulle vir God verheerlik en alles saam met die inwoners van Nuwe Jerusalem geniet.

Indien die geredde siele van die Paradys, die Eerste, Tweede, en Derde Koninkryke vrylik, wanneer hulle wil, Nuwe Jerusalem ingaan, wat sou gebeur? Net soos wat die waarde van selfs die beste en kosbaarste items verminder, wanneer dit nie behoorlik met die verloop van tyd bestuur word nie, sal die skoonheid nie behoorlik behoue bly nie, indien die reëls van Nuwe Jerusalem verbreek word nie.

Daarom, vir die vreedsame orde van Nuwe Jerusalem, bestaan daar 'n behoefte vir die twaalf hekke en die engele, om elke hek te bewaak. Natuurlik, daardie gelowiges van die Derde Koninkryk en laer, kan nie Nuwe Jerusalem vrylik ingaan nie, selfs al is daar geen engel om die hek te bewaak nie, omdat daar 'n verskil in glorie is. Die engele maak seker dat die orde behoorlik in stand gehou word.

2. Name van die Twaalf Stamme van Israel op die Twaalf Hekke Gegraveer

Wat, dan, is die rede om die twaalf name van die twaalf stamme van Israel op die hekke van Nuwe Jerusalem te skrywe? Die name van die twaalf stamme van Israel simboliseer die feit dat die twaalf hekke van Nuwe Jerusalem begin met die twaalf stamme van Israel.

Die agtergrond vir die oprigting van twaalf hekke

Adam en Eva, wie ongeveer 6000 jaar gelede uit die Tuin van Eden uitgedrywe is, weens hulle sonde van ongehoorsaamheid, het die lewe geskenk aan baie kinders terwyl hulle op die aarde gewoon het. Terwyl die wêreld vol sonde was, was almal behalwe Noag en sy familie, wie 'n regverdige man onder die mense van daardie tyd was, gestraf en met water laat vergaan.

Dan omtrent 4,000 jaar gelede is Abraham gebore, en toe die tyd reg was, het God hom as die voorvader van geloof gevestig, en hom oorvloediglik geseën. God het dit vir Abraham in Genesis 22:17-18 belowe.

Ek sal jou vrugbaar maak en jou nageslag so baie maak soos die sterre aan die hemel en soos die sand van die see. Jou nageslag sal die stede van sy vyande in besit neem. In jou nageslag sal al die nasies van die aarde geseën wees, want jy het My gehoorsaam.

Die getroue God het Jakob, die kleinseun van Abraham gevestig, as die stigter van Israel, en het die vesting gemaak om 'n nasie met sy twaalf seuns te vorm. Daarna, ongeveer 2,000 jaar gelede, het God vir Jesus as 'n afstammeling van die stam van Juda gestuur, om die weg na die saligheid vir die mensdom te begin.

Op hierdie wyse, het God die mense van Israel met twaalf stamme gevorm, om die seëning wat Hy aan Abraham belowe het, te vervul. Verder, om hierdie feit te simboliseer en te bevestig, het God die twaalf hekke by Nuwe Jerusalem gemaak en die name van hierdie twaalf stamme daarop gegraveer.

Nou, laat ons Jakob, die voorvader van Israel en die twaalf stamme, van nader beskou.

Jakob die voorvader van Israel en sy twaalf seuns

Jakob, kleinseun van Abraham en seun van Isak, het die eersgeboortereg van sy ouer broer, Esau, op 'n slinkse manier weggeneem en moes vanaf sy broer na sy oom Laban vlug. Gedurende sy twintig jaar verblyf in Laban se huis het God vir Jakob verfyn, totdat hy die voorvader van Israel geword het.

Genesis 29:21 en verder, verduidelik breedvoerig Jakob se huwelike en sy twaalf seuns se geboortes. Jakob het vir Ragel liefgehad en belowe om sewe jaar vir Laban te werk, sodat hy met haar kon trou, maar hy was deur sy oom bedrieg, en het met haar suster, Lea, getrou. Hy moes toe weer vir Laban belowe om sewe jaar vir hom te werk, sodat hy met Ragel kan trou. Jakob het uiteindelik met Ragel getrou en was liewer vir Ragel as vir Lea.

God was genadig teenoor Lea, wie nie deur haar man liefgehad was nie, en het haar moederskoot geopen. Lea het geboorte aan Ruben, Simeon, Levi, en Juda geskenk. Ragel was deur Jakob liefgehad, maar kon vir 'n geruime tyd nie die lewe aan seuns skenk nie. Sy het jaloers teenoor haar suster, Lea, geword en haar diensmeisie, Bilha, vir haar man as vrou gegee. Bilha het die lewe aan Dan en Naftali geskenk. Toe Lea nie langer swanger kon word nie, het sy vir Jakob haar diensmeisie, Silpa, as vrou gegee en Silpa het aan Gad en Aser geboorte geskenk.

Later, het Ragel met Lea 'n ooreenkoms gesluit, waarvolgens Lea met Jakob gemeenskap kon hê, in ruil vir haar eerste seun,

Ruben, se liefdesappels. Sy het aan twee seuns, Issaskar en Sebulon, asook 'n dogter, Dina, geboorte geskenk. God het van Ragel, wie onvrugbaar was, onthou en haar moederskoot geopen. Daarna het sy aan Josef geboorte geskenk. Na die geboorte van Josef het Jakob 'n opdrag van God ontvang, trek oor die Jabbokrivier en gaan terug na jou tuisdorp, en neem jou twee vroue, twee diensmeisies en elf seuns saam.

Jakob het vir twee dekades lank, baie beproewinge in sy oom Laban se huis deurgemaak. Daarna het hy homself verneder en by die Jabbokrivier gebid totdat sy heupbeen verdraai was, terwyl hy op pad na sy tuisdorp was. Hy het toe die nuwe naam "Israel" ontvang (Genesis 32:28). Israel het ook weer met sy broer Esau versoen geraak, en in die land Kanaän gewoon. Hy het die seën ontvang, om die voorvader van Israel te word. Hy het sy laaste seun, Benjamin, deur Ragel ontvang.

Die twaalf stamme van Israel, uitverkose mense van God

Josef, een van Israel se twaalf seuns, vir wie hy die liefste was, is deur sy broers met hulle inswelgende jaloesie, aan die Egiptenare op die ouderdom van sewentien verkoop. Nogtans, met God se voorsienigheid, het Josef op die ouderdom van dertig die eerste minister van Egipte geword. Wetende dat daar 'n groot hongersnood in die land Kaänan sal wees, het God vir Josef vooruit na Egipte gestuur, en sy hele familie toegelaat om daarheen te trek, sodat hulle so in getalle kan vermeerder, dat hulle uiteindelik 'n nasie kan vorm.

In Genesis 49:3-28, seën Israel sy twaalf seuns net voordat hy sy laaste asem uitblaas, en hulle is die twaalf stamme van Israel:

"Ruben, jy is die oudste;
Toonbeeld van my krag
(v. 3)...
Simeon en Levi is broers;
Altyd gereed vir geweld (v. 5)...
Juda, dit is jy vir wie jou broers sal eer (v. 8)...
Sebulon woon by die strand (v. 13)...
Issaskar is 'n sterk pakdier,
hy gaan lê tussen sy twee saalsakke (v. 14)...
Dan is een van die stamme van Israel,
hy handhaaf die reg van sy volk (v. 16)...
Gad-'n bende oorval hom,
maar hy val hulle van agter af aan (v. 19)...
Aser eet ryk kos, hy eet koningskos (v. 20)...
Naftali is 'n takbok wat vry rondloop,
hy het 'n mooi nageslag (v. 21)...
Josef is 'n boom wat vrugte dra,
'n vrugteboom by die fontein (v. 22)...
Benjamin is 'n wolf wat prooi verskeur (v. 27)..."

Hierdie is die twaalf stamme van Israel, en dit is wat hulle vader aan hulle gesê het, terwyl hy hulle elkeen op 'n toepaslike wyse geseën het. Die seëninge was verskillend, omdat elke seun (stam) verskillend was ten opsigte van hulle karaktertrekke, persoonlikheid, dade en natuur.

Deur Moses, het God die Wet aan die twaalf stamme van Israel gegee, wie uit Egipte gekom het, en hulle begin lei na die land Kanaän waar melk en heuning oorvloedig is. In Deuteronomium 33:5-25 sien ons dat Moses die mense van Israel seën, voor sy dood.

"Ruben moet lewe, hy mag nie sterf nie;
hy moet 'n groot volk word" (v. 6) ...
Here, luister na Juda!
Bring hom na sy volk toe (v. 7) ...
Oor Levi het hy gesê:
"U tummim en u urim is toevertrou
aan u troue dienaar" (v. 8) ...
Van Benjamin het hy gesê:
"Wie deur die Here bemin word, is veilig by Hom" (v. 12) ...
Van Josef het hy gesê:
"Mag sy land deur die Here geseën word:
met die beste uit die hemel, met dou en
met die beste uit die water diep onder die grond" (v. 13) ...
Mag die tienduisende van Efraim so wees,
en ook die duisende van Manasse (v. 17) ...
Van Sebulon het hy gesê:
"Jy moet bly wees, Sebulon, as jy op pad gaan;
Issaskar, jy moet bly wees as jy by die huis bly" (v. 18) ...
Van Gad het hy gesê:
"Geseënd is elkeen wat vir Gad woonplek gee" (v. 20) ...
Van Dan het hy gesê:
"Dan is 'n jong leeu,
hy bespring sy prooi van Basan af" (v. 22) ...
Van Naftali het hy gesê:
"Naftali geniet baie guns,
hy word ryklik geseën deur die Here"
(v. 23) ...
Oor Aser het hy gesê:
Aser is meer geseënd as die ander seuns,
hy is die gunsteling onder sy broers (v. 24) ..."

Levi, een van Israel se twaalf seuns, was van die twaalf stamme uitgesluit, om sodoende 'n priester te word en aan God te behoort. In plaas daarvan, het Josef se twee seuns, Manasse en Efraim, twee stamme gevorm om die Leviete te vervang.

Name van die twaalf stamme op die twaalf hekke gegraveer

Dus, hoe kan ons, wie nie lede van die twaalf stamme of afstammelinge van Abraham is nie, gered word en deur die twaalf hekke ingaan, waarop die name van die twaalf stamme geskrywe is?

Ons kan die antwoord op daardie vraag vind in die Boek, Die Openbaring 7:4-8:

Ek het die getal gehoor van dié wat gemerk is: daar was honderd vier en veertig duisend. Hulle was uit elke stam van die volk Israel: uit die stam van Juda is daar twaalf duisend gemerk, uit die stam Ruben twaalf duisend, uit die stam Gad twaalf duisend, uit die stam Aser twaalf duisend, uit die stam Naftali twaalf duisend, uit die stam Manasse twaalf duisend, uit die stam Simeon twaalf duisend, uit die stam Levi twaalf duisend, uit die stam Issaskar twaalf duisend, uit die stam Sebulon twaalf duisend, uit die stam Josef twaalf duisend, en uit die stam Benjamin is daar twaalf duisend gemerk.

In hierdie verse word die naam van die stam van Juda eerste genoem, gevolg deur die naam van die stam Ruben, anders as in die boeke Genesis en Deuteronomium opgeteken. Die naam van die stam van Dan is weggelaat, terwyl die naam van die stam van

Manasse bygevoeg is.

Die ernstige sonde van die stam van Dan is in 1 Konings 12:28-31 opgeteken:

> Koning Jerobeam het toe met sy raadgewers oorleg gepleeg en twee goue kalwerbeelde laat maak. Toe sê hy: "Julle het lank genoeg Jerusalem toe gegaan, Israel; hier is nou die beelde van julle God wat julle uit Egipte laat wegtrek het." Jerobeam het die een beeld in Bet-El opgestel en die ander in Dan. Dit het die volk tot sonde verlei: hulle het selfs die een beeld na Dan toe begelei. Jerobeam het heiligdomme op die hoogtes gebou en hy het mense uit die volk wat nie Leviete was nie, as priesters aangestel.

Jeroboam, wie die eerste koning van die Noordelike Koninkryk van Israel geword het, het by homself gedink, indien die mense na Jerusalem gegaan het om hulle offerandes na die tempel van die Here te neem, sal hulle weer hulle onderdanigheid teenoor hulle heerser, Jerobeam koning van Juda, betoon. Die koning het twee goue kalwers laat maak. Die een het hy in Bet-El en die ander een in Dan laat oprig. Hy het die mense verbied om na Jerusalem te gaan, om hulle offerandes aan God te gee, en hulle verlei om in Bet-El en Dan te aanbid.

Die stam van Dan het die sonde van afgode-aanbidding gepleeg, terwyl hulle slegte mense as priesters vir God aangestel het, alhoewel niemand behalwe die stam van die Leviete priesters kon word nie. Hulle het ook 'n feesdag op die vyftiende van die agste maand ingestel, soos die feesdag wat in Juda gehou was. Al hierdie sondes was nie deur God vergewe nie, daarom het Hy hulle verlaat.

So, die naam van Dan se stam was weggelaat, en deur die

naam van Manasse se stam vervang. Die feit dat die stam van Manasse se naam bygevoeg was, is reeds in Genesis 48:5 voorspel. Jakob het aan sy seun Josef gesê:

Jou twee seuns wat hier in Egipte vir jou gebore is voordat ek hier na jou toe gekom het, Efraim en Manasse, is vir my soos my eie, soos Ruben en Simeon is hulle vir my.

Jakob, die vader van Israel, het alreeds vie Manasse en Efraim as syne verseël. Dus, in die Boek van Die Openbaring in die Nuwe Testament, word gevind dat die naam van die stam Manasse, in plaas van die naam van Dan opgeteken is.

Die feit dat die naam van die stam van Manasse tussen die twaalf stamme van Israel op hierdie wyse opgeteken is, alhoewel hy nie een van die twaalf leiers van Israel was nie, is 'n aanduiding dat die nie-Jode die plek van die Israeliete sal inneem, en gered sal word.

God het die grondslag van 'n nasie, deur die twaalf stamme van Israel gelê. Ongeveer twee duisend jaar gelede, het Hy die weg geopen om ons sondes skoon te was, deur middel van die kosbare bloed wat Jesus Christus aan die kruis gestort het, en ons almal toegelaat het om die saligheid, met geloof te ontvang.

God het die mense van Israel, wie afkomsig was van die twaalf stamme verkies en hulle "My mense" genoem, maar nadat hulle beslis te kort geskied het om Sy wil te volg, het die evangelie na die nie-Jode oorgespoel.

Die nie-Jode, die wilde olyfloot wat geënt was, het God se gekose mense van Israel, wie die olyfloot was, vervang. Dit is waarom die apostel Paulus in Romeine 2:28-29 sê dat, "nie hy is 'n Jood wat dit uiterlik is nie, en nie dit is besnedenheid wat uiterlik aan die liggaam gedoen is nie. Nee, hy is 'n Jood wat dit innerlik is, en dit is besnedenheid wat in die hart gedoen is deur die Gees, nie volgens die wetsvoorskrifte nie. So iemand ontvang lof, nie van mense nie, maar van God."

In kort, die nie-Jode het gekom om die mense van Israel te vervang, ter uitvoering van God se voorsienigheid, net soos die stam van Dan weggelaat was en die stam van Manasse bygevoeg is. Daarom, selfs die nie-Jode kan Nuwe Jerusalem deur die twaalf hekke ingaan, mits hulle die behoorlike geloofskwalifikasie het.

Daarom, nie slegs hulle wie tot die twaalf stamme van Israel behoort nie, maar ook hulle wie afstammelinge van Abraham in die geloof word, sal die saligheid ontvang. Wanneer die nie-Jode gelowig word, beskou God hulle nie meer as "nie-Jode" nie, maar as lede van die twaalf stamme. Alle nasies sal deur die twaalf hekke gered word, en dit is God se regverdigheid.

Op stuk van sake, die "twaalf stamme" van Israel verwys geestelik na al God se kinders, wie deur geloof gered is, en God het die name van die twaalf stamme op die twaalf hekke van Nuwe Jerusalem geskrywe, om hierdie feit te simboliseer.

Nietemin, soos wat verskillende lande en gebiede verskillende karaktereienskappe het, verskil die glorie van elke stam van die twaalf stamme en die twaalf hekke in die hemel ook.

3. Name van die Twaalf Apostels op die Twaalf Fondamente Gegraveer

Wat, dan, is die rede dat die name van die twaalf apostels op die twaalf fondamente van Nuwe Jerusalem gegraveer is?

Om 'n gebou op te rig, moet daar fondamente wees om die

pilare op te bou. Dit is maklik om die grootte van die konstruksie te beraam, deur net na die diepte van die uitgrawings te kyk. Fondamente is baie belangrik, omdat die hele gewig van die struktuur daardeur ondersteun word.

Op dieselfde wyse, was die fondamente gelê, om die mure van Nuwe Jerusalem asook die twaalf pilare te bou, met die twaalf hekke wat tussen dit gemaak was. Die grootte van die twaalf fondamente en die twaalf pilare is ontsaglik groter as ons denke, en ons sal in die volgende hoofstuk dieper daarin delf.

Twaalf fondasies, belangriker as die twaalf hekke

Elke skaduwee het die wese wat dit vorm. Volgens dieselfde teken, is die Ou Testament die skaduwee van die Nuwe Testament, omdat die Ou Testament aan Jesus verklaar het dat Hy as die Saligmaker na die wêreld moes kom. Verder is daar in die Nuwe Testament opgeteken van Jesus, wie na die wêreld gekom het, se evangeliebediening, die vervulling van alle voorspellings en die uitvoering van die weg na saligheid (Hebreërs 10:1).

God, wie die fondasie van 'n nasie deur die twaalf stamme van Israel gelê het, en die Wet deur Moses bekend gemaak het, het die twaalf apostels deur Jesus laat geleer. Hy wie die Wet met liefde vervul het, het hulle getuies van God tot die uithoeke van die aarde gemaak. Op hierdie wyse, het die twaalf apostels die helde geword wie dit moontlik gemaak het om die Wet van die Ou Testament te vervul, en die Stad Nuwe Jerusalem te bou, deur op te tree as die vorm en nie die skaduwee nie.

Daarom, is die twaalf fondamente van Nuwe Jerusalem belangriker as die twaalf hekke, en die rol van die twaalf apostels belangriker as die van die twaalf stamme.

Jesus en Sy twaalf dissipels

Jesus die Seun van God, wie na hierdie wêreld in vlees gekom het, het Sy bediening op die ouderdom van dertig begin. Hy het Sy dissipels opgeroep en hulle begin leer. Met die verloop van tyd het Jesus Sy dissipels bemagtig, om bose geeste uit te drywe en om siekes te genees. Matteus 10:2-4 meld die twaalf apostels:

Die name van die twaalf apostels was: in die eerste plek Simon, wat ook Petrus genoem word, en sy broer Andreas; Jakobus seun van Sebedeus, en sy broer Johannes; Filippus en Bartomeus; Tomas en Matteus die tollenaar; Jakobus seun van Alfeus; en Taddeus; Simon die fanatikus, en Judas Iskariot wat vir Jesus verraai het.

Soos deur Jesus versoek, het hulle die evangelie verkondig en die werke van God se krag uitgevoer. Hulle het van die lewende God getuig, en baie siele op die weg na die saligheid gelei. Almal van hulle, met die uitsondering van Judas Iskariot, wie deur Satan aangehits was en uiteindelik vir Jesus verkoop het, was getuienisse van die Here opstanding en hemelvaart. Hulle het die Heilige Gees deur vurige gebede ervaar.

Dan, soos die Here dit aan hulle opgedra het, het hulle die Heilige Gees en die krag ontvang, en sodoende die getuies van die Here in Jerusalem, die hele Judea en Samaria, tot aan die uithoeke van die aarde geword.

Mattias vervang Judas Iskariot

Handelinge 1:15-26 beskryf die proses om Judas Iskariot tussen die twaalf apostels te vervang. Hulle het tot God gebid en daaroor gestem. Dit was gedoen, omdat die apostels dit ooreenkomstig God se wil wou doen, sonder enige mense se gedagtes wat inmeng. Hulle het uiteindelik 'n individu, wie by Jesus geleer het, met die naam van Mattias gekies.

Daar was 'n rede waarom Jesus nog steeds vir Judas Iskariot gekies het, wetende dat hy uiteindelik bedrieglike leuens sou vertel. Die feit dat Mattias nuutverkose was, beteken dat selfs die nie-Jode die saligheid kan ontvang. Dit beteken ook dat die verkose dienaars van God vandag tot die plek van Mattias behoort. Sedert die opstanding en hemelvaart van die Here, was daar al baie dienaars van God wie deur God Homself uitgekies was. Enigiemand wie een met God word, kan as die Here se apostel uitverkies word, net soos wat Mattias Sy apostel geword het.

Die dienaars van God, wie deur God Homself uitverkies is, gehoorsaam die wil van die Meester slegs met "Ja." Indien dienaars van God nie Sy wil gehoorsaam nie, kan hulle nie "dienaars van God" of "God se verkose dienaars" genoem word nie.

Die twaalf apostels, insluitende Mattias, het die Here se hart aangeneem, die heiligheid ten uitvoer gebring, was gehoorsaam teenoor die Here se onderrig en het die hele wil van God volkome vervul. Hulle het die fondamente van die wêreldsending geword, deur die vervulling van hulle pligte, totdat hulle martelaars geword het.

Name van die twaalf apostels

Hulle wie deur die geloof gered was, alhoewel hulle nie heilig of gelowig ten opsigte van God se koninkryk was nie, kan Nuwe Jerusalem op uitnodiging besoek, maar hulle kan nie daar vir ewig woon nie. Dus, die rede waarom die name van die twaalf apostels op die twaalf fondamente geskrywe is, is om ons daaraan te herinner, dat slegs hulle wie geheilig en gelowig ten opsigte van God se koninkryk in hierdie lewe was, kan Nuwe Jerusalem ingaan.

Die twaalf stamme van Israel verwys na al God se kinders, wie deur geloof gered is. Hulle wie heilig en getrou in die lewe is, sal die nodige kwalifikasies hê, om Nuwe Jerusalem te kan ingaan. Vir hierdie redes, is die twaalf fondamente belangriker, en dit is waarom die name van die twaalf apostels nie op die twaalf hekke nie, maar op die twaalf fondamente geskrywe is.

Waarom, dan, het Jesus slegs twaalf apostels uitgekies? In Sy perfekte wysheid, het God Sy voorsienigheid vervul, wat Hy ontwerp het, voor die ontstaan van tyd en alles daarvolgens uitgevoer. Dus, weet ons dat Jesus se verkiesing van slegs twaalf apostels was, ooreenkomstig God se plan uitgevoer.

God, wie twaalf stamme in die Ou Testament gevorm het, het twaalf apostels uitgekies, en gebruik die nommer 12 wat ook in die Nuwe Testament staan vir "lig" en "volmaaktheid," en die skaduwee van die Ou Testament, asook die grondbestanddele van die Nuwe Testament vorm 'n eenheid.

God verander nie Sy denkwyse en plan wat Hy eenmaal ontwerp het nie. Hy kom Sy Woord na. Daarom, moet ons alles in Die Bybel oor God se Woord glo, en onsself as die Here se bruide voorberei, om Hom te ontvang, asook om die nodige kwalifikasies te verwerf, om Nuwe Jerusalem soos die twaalf apostels te kan ingaan.

Jesus sê vir ons in Die Openbaring 22:12, "Kyk, Ek kom gou! Ek bring die loon saam met My om elkeen te beloon vir wat hy gedoen het."

Watter soort Christelike lewe moet jy lei, indien jy waarlik glo dat die Here gou weer gaan kom? Jy moet nie slegs daarmee tevrede voel dat jy die saligheid ontvang het, deur in Jesus Christus te glo nie, maar moet ook probeer om al jou sondes te verwerp, en ook met al jou pligte getrou te wees.

Ek bid in die naam van die Here Jesus Christus dat jy die ewige glorie en seëninge in Nuwe Jerusalem, soos die voorvaders van die geloof, wie se name op die twaalf hekke en fondamente gegraveer is, sal ervaar!

Hoofstuk 3

Die Grootte van Nuwe Jerusalem

1. Gemeet met Goue Riet
2. 'n Kubus-vormige Nuwe Jerusalem

> *"Die engel wat met my gepraat het, het 'n goue meetstok gehad om daarmee die stad self, sy poorte en sy muur te meet. Die stad is vierkantig, net so lank as wat hy breed is. Hy het die stad toe met die meetstok gemeet. Die lengte, die breedte en die hoogte daarvan is dieselfde, twaalf duisend kilometer. Hy het ook die muur om die stad gemeet. Dit is honderd vier en veertig meter hoog. Die engel het die mate van mense gebruik."*
>
> - Die Openbaring 21:15-17 -

Sommige gelowiges dink elkeen wie gered word, sal Nuwe Jerusalem waar die troon van God gehuisves word, ingaan of misverstaan dat Nuwe Jerusalem die hele hemel is. Nogtans, Nuwe Jerusalem is nie die totale hemel nie, maar slegs 'n deel van die eindelose hemel. Slegs God se ware kinders, wie vroom en heilig is, mag ingaan. Jy mag dalk wonder hoe uitgestrek is die grootte van Nuwe Jerusalem, wat God vir Sy ware kinders voorberei het?

Laat ons delf in die grootte en vorm van Nuwe Jerusalem, asook die geestelike betekenisse wat daarin verborge is.

1. Gemeet met Goue Riet

Dit is natuurlik dat hulle met ware geloof en wie hunker na Nuwe Jerusalem sal wonder, oor die Stad se vorm en grootte. Aangesien dit die plek vir God se kinders is, wie heilig is en volkome volgens God is. God het Nuwe Jerusalem so pragtig en heerlik voorberei.

In Die Openbaring 21:15, kan jy lees van die engel wat met 'n goue meetstok staan, om die grootte van die hekke en Nuwe Jerusalem te meet. Wat, dan, is die rede waarom God Nuwe Jerusalem met 'n goue meetstok laat meet het?

Die goue riet is 'n soort reihout wat in die hemel gebruik was, om afstand mee te meet. Indien jy goud en 'n riet ken, kan jy God se rede verstaan, waarom Hy die grootte van Nuwe Jerusalem met 'n goue riet meet.

Goud staan vir "vertroue" omdat dit nooit met verloop van

tyd verander nie. Die goud van die goue riet simboliseer die feit dat God se meting akkuraat is en nooit verander nie, en al Sy beloftes nakom.

Karaktereienskappe van riet wat geloof meet

'n Riet is lank en die kant skerp en sag. Dit swaai maklik in die wind, maar breek nooit nie; dit is terselfdertyd sag en sterk. 'n Riet het kwaste, en dit beteken, dat God toekennings maak, ooreenkomstig met wat jy gedoen het.

Dus, die rede waarom God die Stad Nuwe Jerusalem met 'n goue riet meet, is om elkeen se geloof akkuraat te meet, en toekennings ooreenkomstig sy/haar dade teruggee.

Nou, laat ons die karaktereienskappe en die geestelike betekenis van die riet beredeneer, om te verstaan waarom God die afmetings van Nuwe Jerusalem met die goue riet meet.

Eerstens, riete het baie lang, en sterk wortels. Dit is ongeveer 1-3 meters, of 3-10 voet lank, en kom in die sand, moerasse en mere voor. Dit mag blyk dat hulle swak wortels het, maar ons kan dit nie maklik uittrek nie.

Op dieselfde wyse, moet God se kinders stewig in die geloof gewortel wees, en op die rots van die waarheid staan. Alleenlik wanneer jy onveranderlike geloof het, wat onder geen omstandighede sal wankel nie, sal jy in staat wees om Nuwe Jerusalem, wie se afmetings met die goue riet gemeet is, kan ingaan. Dit is vir hierdie rede, waarom apostel Paulus vir die gelowiges van Efese gebid het, "dat Christus deur die geloof in julle harte sal woon en dat julle in die liefde gewortel en gegrondves sal wees" (Efesiërs 3:17).

Tweedens, riete het baie sagte kante. Aangesien Jesus 'n sagte en nederige hart het, gedagtig aan riete, het Hy nooit rusie gemaak of geskree nie. Selfs toe ander Hom gekritiseer of vervolg het, sou Jesus nie met hulle geargumenteer het nie, maar eerder daarvan wegbeweeg het.

Daarom, hulle wie hoop vir Nuwe Jerusalem moet soos Jesus, 'n nederige hart hê. Indien jy ongemaklik voel wanneer ander jou foute uitwys of jou teregwys, beteken dit dat jy 'n sterk en trotse hart het. Indien jy 'n sagte en nederige hart soos dons het, kan jy daardie dinge sonder enige gevoelens, spyt of ongemak, aanvaar.

Derdens, riete swaai maklik in die wind, maar breek nie maklik nie. Na 'n sterk sikloon lê daar gewoonlik groot bome wat ontwortel is, maar riete breek gewoonlik nie in sterk wind nie, omdat hulle sag is. Mense in hierdie wêreld vergelyk somtyds die denke en harte van vroue met riete, om hulle swakhede uit te druk, maar God se vergelyking is die teenoorgestelde. Riete is sag en mag swak voorkom, nogtans het hulle die krag om nie in sterk wind te knak nie, en hulle het die skoonheid van hulle sierlikheid, naamlik wit blomme.

Aangesien riete alle aspekte van dinge soos sagtheid, sterkte, en skoonheid het, kan dit die regverdigheid van sekere oordele simboliseer. Die karaktereienskappe van riete kan ook op die staat Israel van toepassing gemaak word. Israel is 'n relatiewe klein gebied met 'n klein bevolking, en word deur vyandige bure omring. Israel mag na 'n swak land lyk, maar dit "knak" nooit onder enige omstandighede nie. Dit is omdat hulle so 'n sterk vertroue in God het, geloof wat in die voorvaders, insluitende Abraham, sy oorsprong gekry het. Alhoewel hulle lyk of hulle in 'n oogwink, fisies kan verbrokkel, laat die Israeliete se vertroue in God hulle standvastig staan.

Dus, om Nuwe Jerusalem te kan ingaan, moet ons die geloof hê wat nooit onder enige omstandighede struikel nie, deur Jesus Christus wie die rots is, as wortel te neem, soos die riete met die sterk wortels.

Vierdens, die stam van die riete is reguit en glad, sodat dit dikwels gebruik was om dakke, pyle of penpunte van te maak. Die reguit stam sinspeel daarop om vorentoe te beweeg. Geloof word beskou as "lewendig," slegs wanneer dit aanhou om voorwaarts te beweeg. Hulle wie hulleself verbeter en ontwikkel, sal daagliks in hulle geloof groei en aanhou om na die hemel te beweeg.

God verkies hierdie goeie houers, wie na die hemel beweeg, en hulleself suiwer en perfek voorberei, sodat hierdie mense Nuwe Jerusalem kan ingaan. Daarom, moet ons na die hemel beweeg, soos die blare wat vanaf die end van 'n stam uitspruit.

Vyfdens, soos wat baie digters omtrent blomme van riete skryf, om 'n rustige toneel te beskryf, is die voorkoms van riete baie sag en pragtig, en hulle blare is bekoorlik en sierlik. Soos wat 2 Korintiërs 2:15 sê, "Ons is die wierook wat deur Christus vir God gebrand word, waarvan die geur dié bereik wat gered word, sowel as dié wat verlore gaan," hulle wie op die rots van geloof staan, straal die aroma van Christus uit. Hulle wie hierdie soort harte het, het bekoorlike en gemaklike gesigte, en mense kan die hemel deur hulle ervaar. Daarom, om sodoende Nuwe Jerusalem te kan ingaan, moet ons die pragtige aroma van Christus uitstraal, wat soos die sagte blomme en bekoorlike blare van die riete is.

Sesdens, die blare van die riete is dun en die kante is skerp, genoeg om die vel te sny, net deur weiding. Op dieselfde wyse, hulle wie geloof het, moet nie met sondes skik nie, maar moet soos lemme word en eerder die sondigheid verwerp.

Daniël, wie 'n leraar van die groot Persië was, en deur sy koning geliefd was, het 'n verhoor in die gesig gestaar, waarvolgens hy gevonnis sou word om in 'n leeukuil gegooi te word, as gevolg van sondige mense wie op hom jaloers was. Nogtans, het hy nie daaroor onderhandel nie, maar op sy geloof vertrou. As gevolg daarvan, het God Sy engel gestuur om die leeus se monde te sluit, en sodoende Daniël toegelaat om God grootliks voor die koning en al sy mense te verheerlik.

God is ingenome met Daniël se soort geloof, die soort wat nie met die wêreld skik nie. Hy beskerm hulle wie hierdie soort geloof het, teen alle soorte ontberings en beproewinge, en aan die einde laat Hy hulle toe om Hom te verheerlik. Verder, Hy seën en maak hulle "die kop, nie die stert nie" waar hulle ookal gaan (Deuteronomium 28:1-14).

Buitendien, soos wat Spreuke 8:13 vir ons sê, "Om die Here te dien, is om te haat wat verkeerd is," indien jy kwaad in jou hart het, moet jy dit deur vurige gebede en vasting verwerp. Slegs wanneer jy nie met die sonde skik nie, maar die kwaad haat, sal jy geheilig word en kwalifiseer om Nuwe Jerusalem te kan ingaan.

Ons het die rede beredeneer waarom God die Stad Nuwe Jerusalem met goue riete gemeet het, deur die ses karaktereienskappe van riete te ondersoek. Die gebruik van goue riete laat ons toe om te weet dat God ons geloof akkuraat meet en ons daarvolgens vergoed, presies vir wat ons in die lewe gedoen het, en dat Hy Sy beloftes nakom.

2. 'n Kubus-vormige Nuwe Jerusalem

God het spesiaal die grootte en die vorm van Nuwe Jerusalem in die Bybel opgeteken. Die Openbaring 21:16 sê vir ons dat die Stad kubus-vormig is. Die lengte, die breedte en die hoogte daarvan is dieselfde, twaalf duisend kilometer. Hieroor mag sommiges dalk wonder, 'Sal ons nie ingehok voel nie?' Nogtans, God het die binneste van Nuwe Jerusalem so gerieflik en aangenaam gemaak. Iemand kan ook nie van buite in die Stad Nuwe Jerusalem sien nie, maar mense kan wel vanaf die binnekant na buite sien. Met ander woorde, daar is geen rede om ongemaklik of ingeperk binne die mure te voel nie.

Dieselfde in wydte, lengte en hoogte

Wat, dan, is die rede waarom God vir Nuwe Jerusalem kubus-vormig gemaak het? Dieselfde lengte en breedtes van die Stad van Nuwe Jerusalem verteenwoordig orde, akkuraatheid, regverdigheid en geregtigheid. God beheer alle dinge, sodat die ontelbare sterre, die maan, die son, die sonnestelsel en die res van die heelal presies en akkuraat beweeg, sonder enige probleme. Eweneens, God het die Stad van Nuwe Jerusalem kubus-vormig gemaak, om daardeur te betuig, dat Hy alles beheer asook die geskiedenis, om sodoende alles tot aan die einde met akkuraatheid te vervul.

Nuwe Jerusalem het gelyke breedtes en lengtes, en twaalf hekke en twaalf fondasies, drie aan elke kant. Dit simboliseer dat ongeag waar jy op die aarde woon, die reëls sal billik toegepas word op diegene wie kwalifiseer, om Nuwe Jerusalem te kan ingaan. Naamlik, mense wie deur middel van die meting van die goue riet gekwalifiseer het, sal Nuwe Jerusalem ongeag van hulle geslag, ouderdom of ras kan ingaan.

Dit is omdat God, met Sy reguit en regverdige karakter, met regverdigheid beoordeel, en die kwalifikasies akkuraat meet om Nuwe Jerusalem te kan ingaan. Verder, 'n vierkant word deur noord, suid, oos en wes verteenwoordig. God het Nuwe Jerusalem gemaak, en het Sy volmaakte kinders, wie deur geloof gered is, tussen alle nasies uit al vier windrigtings geroep.

Die Openbaring 21:16 lees, "Die stad is vierkantig, net so lank as wat hy breed is. Hy het die stad toe met die meetstok gemeet. Die lengte, die breedte en die hoogte daarvan is dieselfde, twaalf duisend kilometer." Dus, die kubus-vormige Nuwe Jerusalem meet twaalf duisend kilometer in breedte, lengte, en hoogte.

Verder, Die Openbaring 21:17 lees, "Hy het ook die muur om die stad gemeet. Dit is honderd vier en veertig meter hoog. Die engel het die mate van mense gebruik."

Die mure van die Stad Nuwe Jerusalem is twee en sewentig treë dik. 'Twee en sewentg treë' omgeskakel, is ongeveer '144 voorarmlengtes' of 65 meter, of 213 voet. Aangesien die Stad Nuwe Jerusalem ontsaglik groot is, is sy mure ook onvergelykbaar dik.

Hoofstuk 4

Gemaak van Suiwer Goud en Juwele met Alle Kleure

1. Verfraai Met Suiwer Goud en Alle Soorte Juwele
2. Die Mure van Nuwe Jerusalem Gemaak van Jaspis
3. Gemaak van Suiwer Goud Soos Helder Glas

> *"Die muur is met opaal gebou en die stad*
> *self met suiwer goud*
> *wat soos 'n skoon spieël lyk."*
>
> - Die Openbaring 21:18 -

Veronderstel jy het al die rykdom en mag om 'n huis te bou, waarin jy en jou geliefde tot in alle ewigheid wil woon. Hoe sou jy daarvan hou om dit te ontwerp? Wat se boumateriale sou jy gebruik? Ongeag die koste, die tydsduur, en die hoeveelheid mannekrag wat benodig word, om dit te bou. Jy sou dit sekerlik op die mooiste en bekoorlikste wyse wou bou.

Om dieselfde rede, sou ons Vader God nie graag Nuwe Jerusalem pragtig wou bou, en verfraai met die beste materiale om daar met Sy lieflike kinders, vir ewig te woon nie? Bowendien, elke materiaal in Nuwe Jerusalem het 'n verskillende betekenis, sodat die tyd wat ons op die aarde met geloof en liefde verduur het, herken kan word. Alles daar is heerlik.

Dit is natuurlik vir diegene wie na Nuwe Jerusalem in hulle harte hunker, om meer van Nuwe Jerusalem te wete te kom.

God ken die harte van hierdie mense en het vir ons verskeie inligtingstukke omtrent Nuwe Jerusalem in die Bybel gegee, omtrent die grootte, vorm en selfs die mure se dikte.

Van wat, dan, is die Stad Nuwe Jerusalem gemaak?

1. Verfraai Met Suiwer Goud en Alle Soorte Juwele

Nuwe Jerusalem, wat deur God vir Sy kinders voorberei is, is van suiwer goud gemaak, wat onveranderlik is en met ander juwele versier. In die hemel is daar geen materiaal, soos grond op die aarde wat met die verloop van tyd verander nie. Die paaie in Nuwe Jerusalem is van suiwer goud en die fondamente van juwele gemaak. Indien die sand van die rivier met die water van die lewe goud of silwer is, hoeveel mooier moet die ander geboue se materiale nie wees nie?

Nuwe Jerusalem: God se meesterstuk

Tusse alle wêreldberoemde geboue, verskil hule glans, waarde, sierlikheid en keurigheid van struktuur tot struktuur, afhangende van die materiale wat gebruik is, om dit mee te bou. Marmer is baie blinker, meer sierlik en mooier as sand, hout of sement.

Kan jy jou voorstel hoe mooi en skitterend moet dit wees, indien jy 'n hele gebou met duursame goud en juwele bou? Verder, hoeveel mooier en fantasties moet die geboue in die hemel wees, wat van die mooiste materiale gebou is!

Die goud en juwele in die hemel wat met God se krag gemaak is, verskil baie ten opsigte van gehalte, kleur en verfyning, teenoor die van die aarde. Hulle suiwerheid en die lig wat dit uitstraal is so mooi, dat dit nie genoegsaam deur woorde beskryf kan word nie.

Selfs op hierdie aarde, kan baie soorte houers van dieselfde klei gemaak word. Dit kan duursame Chinese of goedkoop kleiware wees, afhangende van die soort klei en die pottebakker se vaardigheidsvlak. Dit het vir God duisende jare geneem om Nuwe Jerusalem, Sy meesterstuk te bou, wat met die heerlike, kosbare en perfekte glorie van die Stad se Argitek, gevul is.

Suiwer goud verteenwoordig geloof en ewige lewe

Suiwer goud is eenhonderd persent goud sonder enige onsuiwerhede, en is die enigste ding op die aarde wat nooit verander nie. As gevolg van hierdie eienskap, gebruik baie lande dit as 'n standard vir hulle valuta en wisselkoers, terwyl dit ook vir versierings en industriële doeleindes gebruik word. Suiwer goud is geliefd onder die mense, en word deur hulle begeer.

Die rede waarom God vir ons goud op die aarde gegee

het, is om ons toe te laat om te besef, dat daar dinge is wat onveranderlik is, en dat 'n ewig wêreld wel bestaan. Dinge op die aarde raak verslete en verander, met die verloop van tyd. Indien ons net sulke dinge gehad het, sou dit baie moeilik vir ons gewees het, met ons beperkte kennis, om te besef dat 'n ewige hemel wel bestaan.

Dit is waarom God ons toelaat om te weet dat daar ewige dinge bestaan, deur middel van hierdie goud wat onveranderlik is. Dit is vir ons om te besef dat daar iets is wat onveranderlik is, sodat ons vir 'n ewige hemel kan hoop. Suiwer goud staan vir die geestelike geloof, wat onveranderlik is. Daarom, indien jy wys is, sal jy probeer om die geloof te verkry, wat soos goud onveranderlik is.

Daar is baie dinge in die hemel wat van suiwer goud gemaak is. Stel jou voor, hoe dankbaar sal ons nie wees deur net na die hemel te kan kyk wat van suiwer goud gemaak is nie, wat ons in die lewe op die aarde as die kosbaarste beskou het nie!

Nietemin, hulle wie onwys is koester goud net as 'n middel om hulle rykdom te vergroot of te vertoon. Gevolglik, vermy hulle vir God en het Hom nie lief nie, en uiteindelik sal hulle in die vuurpoel of die hel se brandende swael beland, en onophoudelik spyt wees en sê, "Ek sou nie in die hel gely het, indien ek geloof so kosbaar beskou het, soos wat ek goud as kosbaar beskou het nie."

Daarom, hoop ek dat jy wys sal wees, deur te probeer om die onveranderlike geloof te bekom, en nie die wêreld se goud wat jy sal moet agterlaat, wanneer jou lewe op die aarde tot 'n einde kom nie.

Juwele verteenwoordig God se glorie en liefde

Juwele is solied en het 'n hoë brekingsindeks. Hulle het pragtige kleure wat hulle ook uitstraal. Aangesien nie baie van dit geproduseer word nie, is dit geliefd onder baie mense en word dit ook as kosbaar beskou. In die hemel, sal God hulle wie die hemel deur geloof geërf het, met fyn linne en baie juwele versier, om Sy liefde vir hulle te toon.

Mense is lief vir juwele en probeer om hulleself mooier te laat lyk, deur hulle met verskeie versierings te versier. Hoe genotvol sal dit nie wees, wanneer God vir jou baie skitterende juwele in die hemel gee?

Iemand mag vra, "Waarom het ons juwele in die hemel nodig?" Juwele in die hemel verteenwoordig God se glorie, en die hoeveelheid juwele aan iemand toegeken, toon die mate waartoe God daardie persoon liefhet.

Daar is ontelbare soorte en kleure juwele in die hemel. Vir die twaalf fondamente van Nuwe Jerusalem is daar saffier van 'n deursigtige donkerblou kleur; smarag van deusigtige groen; robyn van donkerrooi; en goudsteen van gelerige groen. Beril is soos blouerige groen wat ons aan helder seewater herinner, terwyl topaas 'n sagte oranje kleur het. Chrisopraas is halfdeurskynende donkergroen, en purper het 'n ligte violet of donkerpers kleur.

Ander as dit, is daar ontelbare juwele wat pragtige kleure het en dit uitstraal, soos: jaspis, melksteen, sardoniks en hiasint. Al hierdie juwele het verskillende name en betekenisse, net soos wat die juwele op die aarde het. Die kleure en die name van elke juweel is saamgestel, om die waardigheid, trots, waarde en die glorie te vertoon.

Net soos wat juwele op die aarde verskillende kleure en strale teen verskillende hoeke uitstraal, het die juwele in die hemel ook verskeie kleure en strale, en die juwele in Nuwe

Jerusalem spesifiek, skitter en reflekteer twee en drievoudige strale uit.

Heeltemal toevallig, daardie juwele is baie mooier, sonder vergelyking met dit wat op die aarde gevind word, omdat God Homself die erts met die skeppingskrag poleer het. Dit is waarom die apostel Johannes gesê het, dat die skoonheid van Nuwe Jerusalem is soos die kosbaarste edelstene.

Verder, die juwele in Nuwe Jerusalem straal baie mooier strale uit as daardie juwele van ander woonplekke, omdat God se kinders wie Nuwe Jerusalem ingaan, reeds volkome God se hart ten uitvoer gebring het, en aan Hom glorie gegee het. Dus, beide die binne en die buitekante van Nuwe Jerusalem, is met baie verskillende pragtige verskillende kleurvolle juwele verfraai. Nogtans, hierdie juwele word nie vir enigiemand gegee nie, maar word ooreenkomstig iemand se geloofsdade op die aarde toegeken.

2. Die Mure van Nuwe Jerusalem Gemaak van Jaspis

Die Openbaring 21:18 vertel vir ons dat die mure van Nuwe Jerusalem was "gemaak van jaspis." Kan jy jou voorstel hoe pragtig die mure van Nuwe Jerusalem moet wees, gemaak van jaspis, regrondom die Stad?

Jaspis verteenwoordig geestelike geloof

Jaspis wat op die aarde gevind word, is gewoonlik 'n soliede ondeurskynende steen. Die kleure daarvan wissel van groen, rooi tot gelerige groen. Sommige daarvan se kleure is gemeng of dit het vlekke in. Afhangend van die kleur, verskil die digtheid daarvan. Jaspis is relatief goedkoop en sommige daarvan breek maklik, maar die hemelse jaspis wat deur God gemaak is, verander of breek nooit nie. Hemelse jaspis het 'n blouerige wit kleur en is deursigtig, sodat dit lyk asof jy na 'n liggaam van helder water kyk. Alhoewel dit nie met enigiets op die aarde vergelyk kan word nie, is dit dieselfde as helder, blouerige sonlig wat teen die oseaan se golwe weerkaats word.

Dus jaspis verteenwoordig geestelike geloof. Geloof is die belangrikste en fundamenteelste beginsel om 'n Christelike lewe te lei. Sonder geloof, kan jy nie die saligheid verkry, of vir God verheerlik nie. Verder, sonder die soort geloof wat God kan verheerlik, kan jy ook nie Nuwe Jerusalem ingaan nie.

Daarom, is die Stad Nuwe Jerusalem met geloof gebou, en die juweel jaspis kan die geloofskleur uitdruk. Dit is waarom die mure van Nuwe Jerusalem van jaspis gemaak is.

Indien die Bybel vir ons sê, "Die mure van Nuwe Jerusalem is met geloof gemaak," sal die mense in staat wees om so 'n uitdrukking te kan verstaan? Natuurlik kan dit nie met menslike gedagtes verstaan word nie, en dit sal ook baie moeilik vir mense wees, om selfs te probeer om hulle te kan voorstel, hoe pragtig Nuwe Jerusalem versier is.

Die mure wat van jaspis gemaak is, blink helder met die lig van God se glorie, en is met baie patrone en ontwerpe versier.

Die Stad Nuwe Jerusalem is die meesterstuk van God die Skepper, en die beste ewige rusplek vir die beste vrugte van die 6,000 jaar van die menslike ontwikkeling. Hoe heerlik, pragtig en helder sal die Stad wees?

Ons moet besef dat Nuwe Jerusalem met die beste tegnologie en toerusting, waarvan ons die tegnieke nie begryp nie, gemaak is.

Alhoewel die mure deursigtig is, is die binnekant nie vanaf die buitekant sigbaar nie. Nogtans, dit beteken nie dat die mense binne die stad voel, asof hulle binne die stadsmure beperk word nie. Nuwe Jerusalem se inwoners kan buite die Stad sien, vanaf die binnekant, daarom voel dit asof daar geen mure is nie. Hoe wonderlik moet dit wees!

3. Gemaak van Suiwer Goud Soos Helder Glas

Die laaste deel van Die Openbaring 21:18 lees, "Die stad self met suiwer goud wat soos 'n skoon spieël lyk." Laat ons nou die karaktereienskappe van goud beskou, om onsself te help om die skoonheid van Nuwe Jerusalem voor te stel en te begryp.

Suiwer goud het 'n onveranderlike waarde

Goud oksideer nie in die lug of in water nie. Dit verander nie met die verloop van tyd nie, en veroorsaak geen chemiese reaksie met ander bestanddele nie. Goud behou altyd dieselfde pragtige glans. Goud op die aarde is te sag, dus maak ons 'n allooi in die hemel, en dan is goud nie te sag nie. Verder, goud of ander juwele in die hemel straal verskillende kleure uit, en het veskillende digthede teenoor dit wat op die aarde is, omdat dit die lig van God se glorie ontvang.

Selfs op die aarde verskil die sierlikheid en waarde van juwele, ooreenkomstig die ambagsmanne se vaardighede en tegnieke. Hoe kosbaar en pragtig moet Nuwe Jerusalem se juwele nie wees nie, aangesien dit deur God Homself aangeraak en uitgesny is?

Daar is geen gierigheid of begeerte vir pragtige en goeie

voorwerpe in die hemel nie. Op die aarde is mense geneig om juwele lief te hê vir hulle kwistigheid en roem, maar in die hemel hou hulle van juwele geestelik, omdat hulle die geestelike betekenis van elkeen ken, en hulle begryp God se liefde wie die hemel met pragtige juwele voorberei en versier het.

God het Nuwe Jerusalem van suiwer goud gemaak

Waarom dan, het God die Stad Nuwe Jerusalem van suiwer goud gemaak, wat so helder soos glas is? Soos voorheen verduidelik, suiwer goud verteenwoordig geestelik geloof, hoop wat uit geloof gebore is, rykdom, eer en mag. "Hoop gebore uit geloof" beteken dat jy saligheid kan ontvang, hoop op New Jerusalem, jou sondes verwerp, probeer om jouself te heilig, en na die toekennigs uit te sien, omdat jy geloof het.

Daarom, God het die Stad van suiwer goud gemaak, sodat hulle wie dit met hartstogtelike hoop ingaan, vir ewig gevul moet wees met dankbaarheid en blydskap.

Die Openbaring 21:18 vertel vir ons dat Nuwe Jerusalem is "soos helder glas." Dit is om te kan aandui, hoe fyn die toneeldekorasie van Nuwe Jerusalem is. Die goud in die hemel is helder en suiwer soos glas, anders as die ondeurskynende goud wat op die aarde gevind word.

Nuwe Jerusalem is helder, fyn en vlekkeloos, omdat dit van suiwer goud gemaak is. Dit is waarom die apostel, Johannes, waargeneem het, dat die Stad is soos, "suiwer goud, soos helder glas."

Probeer om vir jou die Stad Nuwe Jerusalem, van suiwer fyn goud en baie soorte pragtige juwele met baie kleure, voor te stel.

Nadat ek die Here aangeneem het, beskou ek goud en juwele

as doodgewone stene, en ontwikkel nooit 'n begeerte om dit te besit nie. Ek was hoopvol vir die hemel, en het nie die wêreld se dinge lief gehad nie. Nogtans, wanneer ek gebid het om van die hemel te leer, het die Here vir my gesê, "In die hemel is alles van pragtige juwele en goud gemaak; jy moet daarvoor lief wees." Hy het nie bedoel dat ek moet begin, om goud en juwele te versamel nie. In plaas daarvan, moes ek God se voorsienigheid besef en die geestelike betekenis van die juwele en dit liefhê, op die wyse wat God dit as korrek beskou.

Ek spoor jou aan, om goud en juwele geestelik lief te hê. Wanneer jy goud sien, kan jy dink, "Ek moet geloof soos suiwer goud hê." Wanneer jy ander verskeie juwele sien, kan jy vir die hemel hoop, en sê, "Hoe pragtig sal my huis in die hemel wees?"

Ek bid in die naam van die Here Jesus Christus dat jy 'n hemelse huis sal besit, wat van onveranderlike goud en pragtige juwele gemaak is, deur die verkryging van geloof soos suiwer goud, en baie vinnig in die rigting van die hemel beweeg.

Hoofstuk 5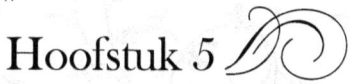

Die Betekenis van die Twaalf Fondamente

1. Jaspis: Geestelike Geloof
2. Saffier: Opregtheid en Integriteit
3. Melksteen: Onskuldige en Offeringsliefde
4. Smarag: Regverdigheid en Reinheid
5. Sardoniks: Geestelike Getrouheid
6. Karneool: Hartstogtelike Liefde
7. Goudsteen: Genade
8. Seewatersteen: Geduld
9. Topaas: Geestelike Goedheid
10. Chrisopraas: Selfbeheersing
11. Hiasint: Vlekkeloosheid en Heiligheid
12. Purper: Skoonheid en Sagtheid

*"Die fondamente van die stadsmuur is
met allerhande edelstene versier: die
eerste fondament met opaal, die tweede
met saffier, die derde met agaat, die vierde
met smarag, die vyfde met sardoniks,
die sesde met karneool, die sewende met
chrisoliet, die agste met beril, die negende
met topaas, die tiende met chrisopraas,
die elfde met hiasint en
die twaalfde met ametis."*

- Die Openbaring 21:19-20 -

Die apostel Johannes het met besonderhede oor die twaalf fondamente geskrywe. Waarom het Johannes so 'n deeglike verslag oor Nuwe Jerusalem opgestel? God wil hê dat Sy kinders die ewige lewe en ware geloof moet besit, deur van die geestelike betekenis van Nuwe Jerusalem se fondamente te weet.

Waarom, dan, het God die twaalf fondamente van twaalf kosbare edelstene gemaak? Die kombinasie van die twaalf kosbare edelstene verteenwoordig die hart van Jesus Christus en God, die toppunt van die liefde. Dus, indien jy die geestelike betekenis van elk van die twaalf kosbare edelstene verstaan, kan jy maklik onderskei hoeveel jou hart met die hart van Jesus Christus ooreenkom, en hoe gekwalifiseerd jy is, om Nuwe Jerusalem te kan ingaan.

Laat ons nou die twaalf kosbare edelstene en hulle geestelike betekenisse ondersoek.

1. Jaspis: Geestelike Geloof

Jaspis, die eerste fondament van Nuwe Jerusalem se mure, verteenwoordig geestelike geloof. Geloof kan oor die algemeen in "geestelike geloof" en "vleeslike geloof" verdeel word. Vleeslike geloof is die geloof wat net met kennis gevul is, terwyl geestelike geloof is die geloof wat gepaardgaande is met dade, wat hulle oorsprong vanaf diep binne jou hart het. Wat God wil hê is nie vleeslike nie, maar geestelike geloof. Indien jy nie geestelike geloof het nie, sal jou "geloof" nie met dade gepaard gaan nie, en jy kan nie vir God verheerlik of Nuwe Jerusalem ingaan nie.

Geestelike geloof is die basis van die Christelike lewe

"Geestelike geloof" verwys na die soort geloof, waarmee iemand die hele Woord van God diep in sy hart kan glo. Indien jy hierdie soort geloof het, met dade opgevolg, sal jy probeer om heilig te wees en om vinnig na Nuwe Jerusalem te beweeg. Geestelike geloof is die belangrikste element om 'n Christelike lewe te lei. Sonder geloof, kan jy nie gered word nie, antwoorde op jou gebede ontvang nie of hoop vir die hemel hê nie.

Hebreërs 11:6 herinner ons, "As 'n mens nie glo nie, is dit onmoontlik om te doen wat God wil. Wie tot God nader, moet glo dat Hy bestaan en dat Hy dié wat Hom soek, beloon." Indien jy ware geloof het, sal jy in God, wie jou beloon, glo en dan kan jy gelowig wees, veg teen die sondes om dit te verwerp en die smal weg bewandel. Jy sal in staat wees om ywerig goed te doen, en Nuwe Jerusalem te kan ingaan, deur die Heilige Gees te volg.

Dus, geloof is die basis vir 'n Christelike lewe. Net soos wat 'n gebou nie veilig kan wees sonder 'n stewige fondament nie, kan jy ook nie 'n behoorlike Christelike lewe, sonder standvastige geloof lei nie. Dit is waarom Judas 1:20-21 by ons aandring, "Julle, geliefdes, moet egter voortgaan om julle lewe te bou op julle allerheiligste geloof. Bid altyd deur die krag van die Heilige Gees. Bly in die liefde van God. Vestig steeds julle verwagting op die barmhartigheid van ons Here Jesus Christus wat die ewige lewe aan julle sal gee."

Abraham, die Vader van Geloof

Abraham is die beste bybelfiguur van geloof, in die

onveranderlike Woord van God, ten opsigte van die volkome dade van gehoorsaamheid. Hy was genoem 'die Vader van Geloof,' omdat hy die onveranderlike dade van geloof gewys het.

Hy het op die ouderdom van 75 jaar 'n seënwoord van God ontvang. Dit was die belofte van God dat hy deur Abraham 'n groot nasie sou laat ontstaan, en Abraham sou die oorsprong van die seëning wees. Hy het hierdie woord geglo en sy tuisdorp verlaat, maar vir 20 jaar daarna kon hy nie 'n seun hê, wie sy erfgenaam kon word nie.

So baie tyd het verloop, dat Abraham en sy vrou Sara albei te oud geword het, om 'n kind te hê. Selfs in hierdie situasie sê Romeine 4:19-20 vir ons, "Hy het nie in ongeloof begin twyfel nie." Hy is in sy geloof versterk, en het die belofte van God volkome geglo; so dat hy op die ouderdom van 100 jaar 'n seun, Isak, ryker geword het.

Daar was 'n ander geleentheid waar Abraham se geloof selfs helderder geskyn het. Dit was toe God vir Abraham beveel het om sy enigste seun, Isak, as 'n offerande te offer. Abraham het nie in God se Woord getwyfel, dat Hy vir hom deur Isak, ontelbare afstammelinge sou gee nie. Aangesien hy standvastige geloof in God se Woord gehad het, het hy gedink dat God vir Isak sou opwek, selfs indien hy hom as 'n brandoffer sou offer.

Dit is waarom hy dadelik die Woord van God gehoorsaam het. Hierdeur, was Abraham meer as gekwalifiseerd, om die vader van die geloof te word. Eweneens, deur Abraham se afstammelinge was die nasie van Israel gevorm. Dit beteken dat die vrugte van sy geloof, ook oorvloediglik deur die vlees voortgebring was.

Aangesien hy in God se Woord geglo het, het hy dit gehoorsaam, soos wat hy beveel was. Dit is 'n voorbeeld van geestelike geloof.

Petrus ontvang sleutels van die hemelse koninkryk

Laat ons 'n individu, wie hierdie soort geloof gehad het, beskou. Watter soort geloof het die apostel Petrus gehad, sodat sy naam op een van die fondamente van Nuwe Jerusalem gegraveer is? Selfs voordat hy as 'n dissipel geroep was, weet ons dat Petrus teenoor Jesus gehoorsaam was; byvoorbeeld, toe Jesus vir hom gesê het om die nette te laat sak vir 'n vangs, het hy dadelik ingewillig (Lukas 5:3-6). Ook, toe Jesus hom aangesê het om 'n donkie en haar vul te bring, het hy in die geloof gehoorsaam (Matteus 21:1-7). Petrus was ook gehoorsaam toe Jesus vir hom gesê het, om see toe te gaan, 'n vis te vang en 'n muntstuk uit sy bek te haal (Matteus 17:27). Verder, hy het op die water soos Jesus geloop, al was dit slegs vir 'n oomblik. Ons kan hiervan aflei, dat Petrus 'n ontsaglike geloof gehad het.

As gevolg hiervan, het Jesus Petrus se geloof as regverdig beskou, en vir hom die sleutels van die hemelse koninkryk gegee, sodat wat hy ookal op die aarde toesluit, sal in die hemel toegesluit bly; en wat hy op die aarde oopsluit, sal in die hemel oopgesluit bly (Matteus 16:19). Petrus het 'n meer volkome geloof verkry, nadat hy die Heilige Gees ontvang het, en vrymoediglik voor Jesus Christus kon getuig. Hy het homself aan die koninkryk van God toegewy, vir die res van sy lewe totdat hy 'n martelaar geword het.

Ons behoort na die hemel te vorder op die manier wat Petrus

dit gedoen het, gee glorie aan God, en besit Nuwe Jerusalem met die geloof wat Hom kan verheerlik.

2. Saffier: Opregtheid en Integriteit

Saffier, die tweede fondament van Nuwe Jerusalem se mure, straal 'n deurskynende donkerblou kleur uit. Wat, dan, beteken saffier geestelik? Dit verteenwoordig opregtheid en integriteit van die waarheid self, wat standvastig teen die versoekings en dreigemente van hierdie wêreld staan. Saffier is 'n edelsteen wat die lig van die waarheid verteenwoordig, en kan aanhou reguit bly sonder verandering, en die "opregte hart" wat God se wil akkuraat beskou.

Daniël en sy drie vriende

'n Goeie voorbeeld van geestelike opregtheid en integriteit word in die Bybel gevind, met Daniël en sy drie vriende — Sadrag, Mesag en Abednego. Daniël het nie oor enigiets 'n skikking aangegaan, wat nie in ooreenstemming met God se regverdigheid was nie, selfs al was dit die koning se opdrag. Daniël het aan sy regverdigheid voor God vasgehou, totdat hy in die leeukuil gegooi was. God was so beïndruk met die integriteit van Daniël se geloof, dat Hy Daniël beskerm het, deur Sy engel te stuur om die leeus se monde te sluit, en hom toe te laat om God grootliks te verheerlik.

In Daniël 3:16-18 lees ons dat Daniël se drie vriende ook met hulle opregte harte aan hulle geloof vasgehou het, totdat hulle in die brandende oond gegooi was. Om sodoende nie te sondig, deur afgode te aanbid nie, het hulle dapper soos volg voor die koning bely:

Koning Nebukadnesar, ons hoef u nie hierop te antwoord nie. Ons het ons God vir wie ons dien. Hy het die mag om ons te red uit die brandende oond, en Hy sal ons ook red uit u mag. Selfs as Hy dit nie doen nie, moet u weet dat ons u god nie sal dien nie, die goue beeld wat u laat oprig het, nie sal aanbid nie.

Aan die einde, selfs alhoewel hulle in die brandende oond, sewe keer warmer as normaalweg, gegooi was, was Daniël se drie vriende nie eers 'n bietjie geskroei nie, omdat God met hulle was. Hoe wonderlik is dit dat nie eens 'n haar op hulle koppe geskroei was nie, en geen reuk van vuur aan hulle was nie! Die koning wie dit alles aanskou het, het glorie aan God gegee, en Daniël se drie vriende bevorder.

Ons moet in die geloof vra, sonder enige twyfel

Jakobus 1:6-8 vertel vir ons hoe baie God harte verafsku, wat nie opreg is nie:

Maar 'n mens moet gelowig bid en nie twyfel nie, want iemand wat twyfel, is soos 'n brander in die see wat deur die wind aangejaag en heen en weer gedryf word. So 'n mens wat altyd aan die twyfel is en onbestendig is in al sy doen en late, moet nie dink dat hy iets van die Here sal ontvang nie.

Indien ons nie opregte harte het nie en selfs 'n bietjie in God twyfel, is ons besluiteloos. Hulle wie twyfel is geneig om maklik deur hierdie wêreld se versoekings geskud te word, omdat hulle onoplettend en uitgeslape is. Verder, hulle wie besluiteloos is, kan nie God se glorie sien nie, omdat hulle onbevoeg is om hulle geloof te toon of om gehoorsaam te wees. Dit is waarom ons in Jakobus 1:7 herinner word, "dat 'n mens nie moet dink dat hy iets van die Here sal ontvang nie."

Kort na my kerk se stigting, het my drie dogters byna as gevolg van koolstofmonoksied se vergiftiging gesterwe. Nogtans, was ek nie bekommerd nie en het geen gedagte gehad om hulle hospitaal toe te neem nie, omdat ek volkome in die almagtige God glo. Ek het eenvoudig op na die altaar gegaan, gekniel en in danksegging gebid. Na dit, het ek in geloof gebid, "Ek beveel in die naam van Jesus Christus! Giftige gas, gaan weg!" Daarna het my dogters, wie bewusteloos was, dadelik een vir een opgestaan, nadat ek vir elkeen van hulle gebid het. 'n Aantal kerklidmate wie dit aanskou het, was so verbaas en bly, en het daarna grootliks vir God verheerlik. het.

Indien ons geloof het wat nooit met hierdie wêreld 'n skikking aangaan nie, en opregte harte het wat God verheerlik, kan ons Hom onbeperk verheerlik en geseënde lewens in Christus lei.

3. Melksteen: Onskuldige en Offeringsliefde

Melksteen, die derde fondament van Nuwe Jerusalem se

mure, simboliseer geestelik onskuldige en offeringsliefde.

Onskuldig is die toestand om skoon en onbevlek in handelinge te wees, met 'n hart sonder foute. Wanneer iemand in staat is om homself te offer, met hierdie suiwerheid in die hart, dan is dit die geestelike hart wat melksteen bevat.

Offeringsliefde is die soort liefde wat nooit iets in ruil terug verwag nie, indien dit vir die regverdigheid van God se koninkryk is. Indien iemand offeringsliefde het, sal hy tevrede wees met die feit dat hy ander liefhet, onder enige omstandighede en nie iets in ruil terug soek nie. Dit is omdat geestelike liefde nie jou eie voordeel soek nie, maar slegs die goedheid van ander.

Nietemin, met vleeslike liefde sal iemand leeg en hartseer voel, asook hartverskeurend, indien iemand nie ook vir hom lief is nie, omdat hierdie soort liefde in wese selfsugtig is. Daarom, iemand met vleeslike liefde, sonder 'n offerings hart kan uiteindelik ander haat of vyande word, met hulle wie hy normaalweg groot vriende was.

Daarom, ons moet besef dat ware liefde is die Here se liefde. Hy wie die hele mensdom liefgehad het, en 'n soenoffer geword het.

Offeringsliefde wat niks in ruil soek nie

Ons Here Jesus, van nature God, het Homself laaste gestel en Homself verlaag, en na die aarde in vlees gekom, om die mense wesens te red. Hy is in 'n stal gebore en in 'n krip neergelê, om die mense wie soos diere is te red, en het 'n arm lewe Sy hele lewe lank gelei, om ons van armoede te red. Jesus het die siekes genees, die swakkes versterk, hoop aan die hopeloses gegee en ondersteuning aan die verwaarloosdes. Hy het aan ons slegs goedheid en liefde bewys, maar daarvoor was hy bespot, gegesel en aan die einde gekruisig, met 'n doringkroon op Sy kop deur sondige mense, wie nie besef het dat Hy as ons Saligmaker gekom het nie.

Jesus, het selfs toe Hy as gevolg van die kruisiging baie pyn verduur het, tot God die Vader in liefde vir hulle, wie Hom bespot en gekruisig het, gebid. Hy was onskuldig en vlekkeloos, maar het Homself geoffer vir mense wesens wie sondaars was. Ons Here het hierdie offeringsliefde aan die hele mensdom gegee en wil hê, dat almal mekaar moet liefhê. Dus, ons, wie hierdie soort liefde van die Here ontvang het, mag nie enigiets in ruil terug verwag nie, indien ons waarlik ander liefhet nie.

Rut wie offeringsliefde getoon het

Rut was nie 'n Israeliet nie, maar 'n Moabitiese vrou gewees. Sy het met Naomi, wie na die land Moab gekom het, om van die hongersnood in Israel te ontvlug, se seun getrou. Naomi het twee seuns gehad, en beide van hulle het met Moabitiese vroue getrou. Albei haar seuns het daar gesterf.

Gegewe die omstandighede, toe Naomi hoor dat die hongersnood in Israel iets van die verlede was, wou sy na Israel teruggaan. Naomi het voorgestel dat haar skoondogters in Moab, hulle tuisland bly. Een van hulle het aanvanklik geweier, maar uiteindelik na haar ouers teruggaan. Rut het daarop aangedring om haar skoonmoeder te volg.

Indien Rut geen offeringsliefde gehad het nie, kon sy dit nie gedoen het nie. Rut moes haar skoonmoeder ondersteun, want sy was baie oud. Verder, sou sy in 'n vreemde land moes gaan woon. Alhoewel sy baie goed na haar skoonmoeder omgesien het, was daar geen beloning daarvoor nie.

Rut het offeringsliefde teenoor haar skonnmoeder, met wie sy geen bloedverwant het nie en eintlik soos 'n vreemdeling was, getoon. Dit was omdat Rut, net soos haar skoonmoeder, in God geglo het. Dit beteken dat Rut se offeringsliefde nie net uit haar pligsbesef gekom het nie. Dit was geestelike liefde, wat uit geloof in God na vore gekom het.

Rut het na Israel saam met haar skoonmoeder gegaan, en baie hard gewerk. In die dag het sy koringare op die lande opgetel om voedsel te kry, en haar skoonmoeder daarmee bedien. Hierdie opregte daad van goedheid, het natuurlik goedbekend onder die mense daar geword. Uiteindelik het Rut baie seëninge van Boas, wie die familielid-verlosser onder haar skoonmoeder se familielede was, ontvang.

Baie mense dink dat, indien hulle nederig is en hulleself offer, sal hulle waarde ook verlaag. Dit is waarom hulle nie hulleself kan offer of nederig wees nie. Hulle wie egter hulleself offer, sonder selfsugtige motiewe met 'n suiwer hart, sal voor God en die mense geopenbaar word. Die goedheid en liefde sal vir ander soos geestelike ligte skyn. God hou van die lig van hierdie offeringsliefde van melksteen, die derde fondament edelsteen.

4. Smarag: Regverdigheid en Reinheid

Smarag, die vierde fondament van Nuwe Jerusalem se mure, is groen en simboliseer die skoonheid en die sagte groen van die natuur. Smarag simboliseer geestelik regverdigheid en reinheid en verteenwoordig die opbrengs van lig, soos opgeteken in Efesiërs 5:9 wat lees, "Uit die lig kom alles voort wat goed en reg en waar is." Die kleur wat dieselfde ooreenstemming van 'alle goedheid en regverdigheid en waarheid' het, is dieselfde as die geestelike lig van smarag. Slegs wanneer ons alles van goedheid, regverdigheid en waarheid het, kan ons ware regverdigheid in God se oë hê.

Dit kan nie net goedheid sonder regverdigheid of net regverdigheid sonder goedheid wees nie. Die goedheid en regverdigheid moet betroubaar wees. Waarheid is iets wat onveranderlik is. Daarom, selfs al het ons goedheid en regverdigheid, is dit betekenisloos sonder betroubaarheid.

Die "regverdige" God erken die verwerping van sondes, die volkome onderhouding van die gebooie soos in die Bybel gevind, die reiniging van jouself van alle soorte ongeregtigde aangeleenthede, getrou met jou lewe wees, ensovoorts. Verder soek God se koninkryk en regverdigheid volgens Sy wil, reguit en gedissiplineerde optredes, moenie afdwaal van wat reg is nie, bly standvastig vir wat reg is, en die res behoort alles aan "regverdigheid," soos deur God erken.

Ongeag, hoe nederig en goed ons mag wees, sal ons nie die vrugte van die lig dra, tensy ons regverdig is nie. Veronderstel iemand gryp jou vader aan die keel en beledig hom, alhoewel hy onskuldig is. Indien jy stilbly en toekyk hoe jou vader lei, kan ons dit nie ware regverdigheid noem nie; jy kan nie sê dat jy jou plig, as 'n seun teenoor jou vader nagekom het nie.

Daarom, goedheid sonder regverdigheid is nie geestelike "goedheid" in God se oë nie. Hoe kan 'n agterbakse en besluitelose verstand dan goed wees? Omgekeerd, ewemin, kan regverdigheid sonder goedheid "regverdigheid" in God se oë wees, maar slegs in jou eie oë.

Regverdigheid en reinheid van Dawid

Dawid was die tweede koning van Israel, net na Saul. Toe Saul koning was, het Israel teen die Palestyne geveg. Dawid het God met sy geloof verheerlik, en vir Goliat verslaan. Hierdeur, het Israel die oorwinning behaal. Daarna was die mense lief vir Saul, en het Dawid hom uit jaloesie, probeer doodmaak. Saul was reeds deur God verlaat, omdat hy arrogant en ongehoorsaam was. God het belowe dat hy Dawid in die plek van Saul koning sou maak.

Gedurende hierdie situasie, het Dawid vir Saul met goedheid, regverdigheid en betroubaarheid behandel. Alhoewel onskuldig, moes Dawid aanmekaar van Saul wegvlug, omdat hy vir 'n lang tydperk probeer het om hom dood te maak. By een geleentheid het Dawid 'n goeie kans gehad om Saul dood te maak. Die krygsmanne wie saam met Dawid was, was verheug en wou vir Saul doodmaak, maar Dawid het hulle gekeer om hom nie dood te maak nie.

1 Samuel 24:6 lees, "Dawid het vir die manne gesê: 'Mag die Here my daarvan bewaar dat ek my hand teen my koning,

die gesalfde van die Here, oplig want hy is die gesalfde van die Here.'"

Selfs al was Saul deur God verlaat, kon Dawid nie vir Saul seermaak nie, omdat Saul deur God as die koning gesalf was. Aangesien die mag, om Saul te laat lewe of sterwe, by God berus het, het Dawid nie bokant sy magte gehandel nie. God sê hierdie hart van Dawid is regverdig.

Sy regverdigheid was tesame met aandoenlike goedheid geopenbaar. Saul het probeer om hom dood te maak, maar Dawid het Saul se lewe gespaar. Dit is sulke groot goedheid. Hy het nie kwaad met kwaad vergeld nie, maar slegs met goeie woorde en dade terugbetaal. Hierdie goedheid en regverdigheid was betroubaar, wat beteken dat kom vanaf betroubaarheid self.

Nadat Saul besef het dat Dawid sy lewe gespaar het, was hy deu die goedheid aangeraak, en het dit voorgekom asof hy 'n verandering in sy hart ondergaan het. Sy gedagtes het spoedig weer verander, en hy het weer probeer om vir Dawid dood te maak. Weereens het hy 'n geleentheid gehad om Saul dood te maak, maar soos vantevore het hy Saul laat lewe. Dawid het onveranderlike goedheid en regverdigheid getoon, wat deur God erken kon word.

Dan, indien Dawid vir Saul by die eerste geleentheid doodgemaak het, kon hy gouer koning geword het, sonder om so baie lyding deur te maak? Natuurlik kon hy. Selfs al moet ons in werklikheid deur meer lyding en probleme gaan, moet ons die hart hê, om God se regverdigheid te verkies. Indien ons een keer deur God as regverdig erken word, sal ons waarborgsvlak deur

God, aan ons verskil.

Dawid het nie vir Saul met sy eie hande doodgemaak nie. Saul was deur die nie-Jode doodgemaak. Soos wat God aan hom bevestig het, het Dawid die koning van Israel geword. Verder, nadat Dawid koning geword het, kon hy 'n sterk nasie bou. Die belangrikste rede was, omdat God baie tevrede met Dawid se regverdige en suiwer hart was.

Om dieselfde rede, moet ons eensgesind en volmaak in goedheid, regverdigheid en die waarheid wees, sodat ons oorvloediglik vrugte van die lig kan dra—die vrugte van smarag, die vierde fondament, en die geurigheid van regverdigheid, waarmee God tevrede is, kan uitstraal.

5. Sardoniks: Geestelike Getrouheid

Sardoniks, die vyfde fondament van Nuwe Jerusalem se mure, simboliseer geestelike getrouheid. Indien ons slegs doen wat ons veronderstel is om te doen, kan ons nie sê dat ons getrou is nie. Ons kan sê dat ons getrou is, wanneer ons meer doen as wat ons veronderstel is om te doen. Deur meer te doen as wat ons gegee is as ons plig, kan ons nie lui wees nie. Ons sal moet fluks en hardwerkend wees, met alles om ons pligte na te kom, en dan moet ons meer as dit doen.

Veronderstel jy is 'n werkgewer. Dan, indien jy jou werk goed doen, kan ons sê dat jy getrou is? Jy doen net wat jy veronderstel was om te doen, daarom kan ons nie sê dat jy hardwerkend en getrou is nie. Jy moet nie alleenlik die werk verrig wat aan jou toevertrou was nie, maar ook probeer om dinge te doen, met jou hele hart en verstand, wat nie oorspronklik aan jou gegee was nie. Eers dan ons sê, dat jy getrou is.

Die soort hardwerkende getrouheid wat deur God erken word, is om jou plig met jou hele hart, verstand, siel en lewe te doen. Hierdie soort getrouheid moet op alle terreine: kerk, werkplek en familie verwesenlik word. Dan, sê ons dat jy getrou is in al God se werksaamhede.

Om geestelik getrou te wees

Om geestelike getrouheid te hê, moet ons eerstens 'n regverdige hart hê. Jy moet 'n begeerte hê dat die koninkryk van God moet vergroot, vir die kerk om 'n herlewing en groei te beleef, vir die werkplek om voorspoedig te wees en dat die familie gelukkig sal wees. Indien ons nie net ons eie nie, maar ook die begeerte van ander en die gemeeskap soek, om voorspoedig te wees, is dit om 'n regverdige hart te hê.

Om getrou te wees, tesame met 'n regverdige hart, moet ons 'n offerhart hê. Indien ons net dink, "Die belangrikste ding is my voorspoed, of die kerk nou groei of te nie," dan sal ons moontlik nie vir die kerk opofferings maak nie. Ons kan nie getrouheid by hierdie soort persoon kry nie. Eweneens, God kan nie sê dat hierdie soort hart, is die hart wat regverdig is nie.

Ter aanvulling tot hierdie regverdigheid, indien ons ook 'n offerhart het, sal ons getrou vir die saligheid van siele en die kerk werk. Selfs al het ons nie 'n spesiale plig nie, sal ons die evangelie ywerig verkondig. Selfs al vra niemand ons om dit te doen nie, sal ons na ander siele omsien. Ons sal ook ons vryetyd opoffer, om na die siele om te sien. Ons sal ook van ons eie geld spandeer, tot voordeel van ander siele en vir hulle baie liefde en getrouheid gee.

In ons poging om getrou op alle terreine te wees, moet ons ook goedheid in ons hart hê. Hulle wie goedhartig is, sal nie net na een kant toe neig nie. Sou ons ten opsigte van 'n sekere onderwerp nalatig gewees het, sal ons ongemaklik daaroor voel, indien ons goedhartig is.

Indien jy goedhartig is, sal met al jou pligte getrou wees. Jy sal nie teenoor die ander groep nalatig wees nie, deur te dink, "Aangesien ek die leier van hierdie groep is, sal die lede van die ander groep verstaan, waarom ek nie die vergadering kan bywoon nie." Jy kan dit in jou goedheid aanvoel, dat jy nie nalatig teenoor die ander groep moet wees nie. So, selfs al kan jy nie by die vergadering teenwoordig wees nie, doen jy iets en gee ook vir die ander groep om.

Die omvang van hierdie soort gesindheid sal verskil, ooreenkomstig die omvang van die goedheid wat jy in jou het. Indien jou goedheid min is, sal jy nie regtig vir die ander groep baie omgee nie. Indien jy groter goedheid het, sal jy nie net iets ignoreer wat vir in jou hart ongemak veroorsaak nie. Jy weet watter soort handelinge is handelinge van goedheid, en indien jy nie die goedheid ten uitvoer bring nie, is dit moeilik vir jou om dit te verdra. Jy sal slegs vrede hê, wanneer handelinge van goedheid doen.

Hulle wie goedhartig is, sal spoedig ongemak in hulle harte ervaar, indien hulle nie onder alle omstandighede doen wat hulle veronderstel is om te doen nie, of dit by die werkplek of by die huis is. Hulle bied nie eers verskonings aan, dat die omstandighede hulle dit nie toelaat nie.

Byvoorbeeld, veronderstel daar is 'n vroulike lidmaat in die kerk wie baie titels het. Sy spandeer baie tyd by die kerk. Relatief gesproke dan, spandeer sy minder tyd saam met haar man en kinders, in vergelyking met wat sy voorheen gedoen het.

Indien sy regtig goedhartig en met alles getrou is, moet sy met die verloop tyd, meer tyd aan haar man en kinders en hulle versorging bestee. Sy moet probeer om met alles en met alle take haar beste te lewer.

Dan, sal dit vir die mense rondom haar moontlik wees, om die betroubare aroma van haar hart te voel, en tevrede wees. Aangesien hulle die goedheid en betroubare liefde voel, sal hulle probeer om haar te verstaan en te help. As gevolg hiervan, sal sy vrede met elkeen ervaar. Dit is om met 'n goeie hart in al God se werksaamhede getrou te wees.

Soos Moses wie in al God se werksaamhede getrou was

Moses was 'n profeet, wie tot so 'n mate deur God erken was, dat God van aangesig tot aangesig met hom gepraat het. Moses het al sy pligte volkome ten uitvoer gebring, wat God beveel het, sonder om baie aan sy eie ontberings te dink. Die mense van Israel het aangehou met kla en was ongehoorsaam, wanneer hulle 'n bietjie probleme ondervind het, selfs nadat hulle die wonderwerke en tekens van God gesien en ervaar het, maar Moses het het hulle voortdurend in geloof en liefde gelei. Selfs toe God vir die mense van Israel kwaad was oor hulle sondes, het Moses nie vanaf hulle weggegaan nie. Hy het na God teruggegaan en die volgende gesê:

Hierdie volk het 'n ernstige sonde gedoen deur vir hulle 'n god van goud te maak. Vergewe tog hulle sonde. As dit nie kan nie, moet U my naam maar uitvee uit die boek wat U geskrywe het! (Eksodus 32:31-32)

Hy het namens die mense gevas, sy eie lewe gewaag, en was getrouer as wat God van hom verwag het om te wees. Dit is waarom God vir Moses erkenning gegee het en hom verseker het, deur te sê, "Hy is die betroubaarste in my diens" (Numeri 12:7).

Verder, getrouheid wat sardoniks simboliseer moet selfs tot die dood toe getrou wees, soos in Die Openbaring 2:10 geskrywe staan. Dit is slegs moontlik, wanneer ons God bo alles liefhet. Dit is om al ons tyd en geld te gee, en selfs ons lewe, deur meer met ons hele hart en verstand te doen, as wat ons veronderstel is om te doen.

In die ou dae, was daar lojale volgelinge wie die koning bygestaan het en was aan hulle volk getrou, selfs tot die punt om hulle eie lewens op te offer. Indien die koning 'n geweldenaar was, sou waarlike lojale volgelinge die koning geadviseer het, om die regte pad te volg, selfs al kon dit maklik lei tot die opoffering van hulle lewens. Hulle kon verban word of doodgemaak word, maar hulle was lojaal, omdat hulle vir die koning en die volk lief was, selfs al sou daardie liefde hulle lewens eis.

Ons moet God bo alles liefhê, om meer te doen as wat van ons gevra word, op dieselfde wyse as wat daardie lojale volgelinge hulle lewens vir die volk gegee het, op die manier waarop Moses getrou was met al God se werksaamhede, om God se koninkryk en regverdigheid ten uitvoer te bring. Dus, ons moet onsself vinnig heilig maak en getrou wees, in alles ten opsigte van ons lewens, sodat ons die kwalifikasies kan verkry, om Nuwe Jerusalem te kan ingaan.

6. Karneool: Hartstogtelike Liefde

Karneool het 'n donkerrooi deurskynende kleur en simboliseer die gloeiende son. Dit is die sesde fondament van Nuwe Jerusalem se mure en geestelik simboliseer dit hartstog, geesdrif, en hartstogtelike liefde om God se koninkryk en regverdigheid te volbring. Dit is die hart om gegewe take en pligte getrou, met al ons krag uit te voer.

Verskillende vlakke van hartstogtelike liefde

Daar is baie vlakke van liefde en oor die algemeen, kan dit in geestelike en vleeslike liefde verdeel word. Geestelike liefde is onveranderlik, omdat dit van God afkomstig is, maar vleeslike liefde verander maklik, hoofsaaklik omdat dit selfsugtig is.

Ongeag, hoe waar die liefde van die wêreld se mense mag wees, dit kan nooit geestelike liefde wees nie, wat die liefde van die Here is, wat net deur die waarheid verkry kan word. Ons kan nie die geestelike liefde kry sodra ons God aangeneem het, en die waarheid ken nie. Ons kan dit eers verkry, nadat ons die hart van die Here ten uitvoer gebring het.

Het jy hierdie geestelike liefde? Jy kan jouself ondersoek, aan die hand van die definisie soos in 1 Korintiërs 13:4-7 gevind.

Die liefde is geduldig, die liefde is vriendelik; dit is nie afgunstig nie, is nie grootpraterig nie, is nie verwaand nie. Dit handel nie onwelvoeglik nie, soek nie sy eie belang nie, is nie liggeraak nie, hou nie boek van die kwaad nie. Dit verbly hom nie oor onreg nie, maar verheug hom oor die waarheid. Dit bedek alles, glo alles, hoop alles, verdra alles.

Byvoorbeeld, indien ons geduldig maar selfsugtig is, of nie maklik kwaad word nie, maar onbeskof is, dan het ons nog nie die geestelike liefde waarvan Paulus skrywe; ons moet nie een enkele ding mis om ware geestelike liefde te hê nie.

Aan die een kant, indien jy steeds eensaam voel of die gedagte dat jy dink jy geestelike liefde het vernietig, dan is dit omdat jy iets in ruil daarvoor terug wil hê, sonder dat jy dit besef. Jou hart is dan nog nie volkome, met die waarheid van geestelike liefde gevul nie.

Aan die ander kant, indien jy met geestelike liefde gevul is, sal jy nooit eensaam of leeg voel nie, maar sal altyd bly, gelukkig en dankbaar wees. Geestelike liefde is bly om te kan gee: hoe meer jy gee, hoe meer verheug, dankbaar en gelukkig sal jy wees.

Geestelike liefde is verheug om dit sigself te gee

Romeine 5:8 sê vir ons, "Maar God bewys sy liefde vir ons juis hierin dat Christus vir ons gesterf het toe ons nog sondaars was." God is so baie lief vir Jesus, Sy enigste Seun, omdat Jesus die waarheid self is, wie Homself presies met God ooreenkom. Nogtans, het Hy nog steeds Sy enigste Seun as 'n soenoffer gegee. Hoe groot en kosbaar is God se liefde!

God het sy liefde vir ons gewys, deur Sy enigste Seun vir ons op te offer. Dit is waarom 1 Johannes 4:16 soos volg lees, "En ons ken die liefde wat God vir ons het, en ons glo daarin. God is liefde; wie in die liefde bly, bly in God en God bly in hom."

Om sodoende Nuwe Jerusalem te kan ingaan, moet ons God se liefde hê, waarmee ons onself kan opoffer, en wat verheug is om te gee, sodat dit bewyse wat getuig van ons lewens in God, kan oplewer.

Die apostel Paulus se hartstogtelike liefde vir siele

Die apostel Paulus is die bekendste bybelfiguur wat hierdie soort hartstogtelike hart soos karneool gehad het, om homself aan God se koninkryk te kon toewy. Vanaf die tyd wat hy die Here ontmoet het, tot die oomblik van sy dood, het sy liefdesdade vir die Here nooit verander nie. As die apostel van die nie-Jode het hy baie siele gered, en tydens sy drie sendingreise het hy baie kerke opgerig. Totdat hy in Rome gemartel was, het hy deurlopend vir Jesus Christus getuig.

As die apostel van die nie-Jode was Paulus se weg baie hard en gevaarlik. Hy het baie lewensgevaarlike situasies deurgemaak, en daar was voortdurend vanaf die Jode se kant, vervolgings. Hy was geslaan en in die tronk opgesluit, terwyl hy ook drie keer skipbreuk gely het. Hy het sonder slaap gegaan, terwyl hy dikwels honger en dors was, en hy het beide warm en koue weer verduur. Gedurende sy sendingreise, was daar altyd baie moeilike situasies vir 'n man om te verdra.

Nietemin, Paulus het nooit berou oor sy keuse gehad nie. Hy het nooit enige oombliklike gedagtes soos, "Dit is moeilik en ek wil rus, al is dit slegs vir 'n kort rukkie..." Sy hart was nooit gelei nie, en hy nooit enigiets gevrees nie. Alhoewel hy met baie probleme geworstel het, was die kerk en die gelowiges sy grootste besorgdheid.

Dit is net soos wat hy in 2 Korintiërs 11:28-29 bely het, "Behalwe dit alles was daar nog die daaglikse bekommernisse, die besorgdheid oor al die gemeentes. As iemand swak is, voel ek asof ek self ook swak is; as iemand in sonde val, voel ek asof ek ook deur vuur gaan."

Totdat hy uiteindelik selfs sy lewe opgeoffer het, het Paulus liefde en vurige ywer getoon, soos wat hy gestrewe het vir die siele se saligheid. Ons kan in Romeine 9:3 sien hoe hartstogtelik sy begeerte was vir die siele se saligheid, wat soos volg lees, "Ek sou self vervloek wou wees, afgesny van Christus, as dit tot hulle voordeel kon wees."

Hier, beteken 'my broeders' nie net sy bloedverwante nie. Dit verwys na alle Israeliete, insluitende die Jode wie hom vervolg het. Hy het gesê dat hy selfs sou kies om hel toe te gaan, indien hulle net saligheid kon ontvang. Ons kan sien hoe groot was sy hartstogtelike liefde vir die siele en hoe groot was sy vurige ywer vir hulle saligheid.

Hierdie hartstogtelike liefde vir die Here, die vurige ywer en strewe vir die saligheid van ander siele word deur die rooi kleur van karneool verteenwoordig.

7. Goudsteen: Genade

Goudsteen, die sewende fondament van Nuwe Jerusalem se mure, is 'n deurskynende of half-deurskynende steen wat 'n geel, groen, blou en pienk kleur uitstraal en somtyds volkome deurskynend vertoon.

Wat simboliseer goudsteen geestelik? Die geestelike betekenis van genade is om in waarheid iemand te verstaan wie geensins verstaan kan word nie, en om iemand in waarheid te vergewe wie geensins vergewe kan word nie. Om "in waarheid" te verstaan en te vergewe, is om met goedheid in liefde te verstaan en te vergewe. Die genade, waarmee ons ander met liefde kan omhels, is die genade wat deur gousteen gesimboliseer word.

Hulle wie hierdie genade het, het geen vooroordele nie. Hulle dink nie, 'Ek hou nie van hom nie, as gevolg van dit. Ek hou nie van haar nie, as gevolg daarvan.' Hulle het geen afkeer of haat teenoor iemand nie. Natuurlik, hulle het geen vyande nie.

Hulle probeer net na alles te kyk en te dink, op 'n mooi manier. Almal word net deur hulle omhels. So, selfs wanneer hulle iemand, wie 'n ernstige sonde gepleeg het teëkom, toon hulle net medelye. Hulle haat die sonde, maar nie die sondaar nie. Hulle sal eerder begrip vir sy optrede hê, en hom omhels. Dit is genade.

Die hart van genade deur Jesus en Stefanus geopenbaar

Jesus het Sy genade teenoor Judas Iskariot, wie Hom sou verkoop het, betoon. Jesus het van die begin af geweet, dat

Judas Iskariot hom sou verraai het. Nietemin, Jesus het hom nie uitgesluit of Hom van Judas Iskariot gedistansieer nie. Hy het ook nie 'n afkeer in hom gehad nie, en hom nooit gehaat nie. Jesus was tot aan die einde vir hom lief gewees, en Hy het vir Judas geleenthede gegee om te verander. Hierdie soort hart is 'n genadige hart.

Selfs toe Jesus aan die kruis vasgespyker was, het Hy nie gekla of iemand gehaat nie. Hy het eerder by Hom vir hulle, wie las van pyn ervaar, voorbidding gedoen, soos opgeteken staan in Lukas 23:34, wat lees, "Vader, vergeef hulle, want hulle weet nie wat hulle doen nie!"

Stefanus het ook hierdie soort genade gehad. Alhoewel Stefanus nie 'n apostel was nie, was hy vol genade en krag. Sondige mense was afgunstig op hom en het hom uiteindelik tot die dood toe gestenig. Selfs terwyl hy gestenig was, het hy eerder vir hulle, wie hom doodgemaak het, gebid. Dit staan in Handelinge 7:60 opgeteken, "Toe het hy op sy knieë neergesak en hard uitgeroep: 'Here, moet hulle tog nie hierdie sonde toereken nie!'" Met hierdie woorde het hy gesterwe.

Die feit dat Stefanus vir hulle, wie hom doodgemaak het, gebid het, bewys dat hy hulle reeds vergewe het. Hy het hulle nie gehaat nie. Dit wys vir ons dat hy die perfekte vrugte van genade gehad het, om met daardie mense medelye te hê.

Indien daar enigiemand is wie jy haat of van wie jy nie hou nie, onder jou familielede of broeders in die geloof, of kollegas by die werkplek, of daar is iemand van wie jy dink, 'Ek hou nie van sy houding nie. Hy opponeer my gewoonlik, en ek hou nie van hom nie,' of jy het 'n afkeer in 'n persoon en om verskeie redes vermy jy hom, hoe ver is dit vanaf 'genade'?

Ons moet niemand hê, in wie ons 'n afkeer het of haat nie. Ons moet in staat wees om enigiemand te verstaan, te aanvaar en goedheid te toon. God die Vader het aan ons deur middel van die edelsteen, goudsteen, die mooi van genade tentoongestel.

'n Genadige hart wat alles omhels

Wat, dan, is die verskil tussen liefde en genade?

Geestelike liefde is om jouself te offer, sonder dat jy enigiets in ruil of voordele daaruit verwag, terwyl genade meer klem plaas op vergifnis en verdraagsaamheid. Met ander woorde, genade is die hart wat selfs diegene verstaan en nie haat nie, wie nie verstaan en liefgehê kan word nie. Genade, haat of verag niemand nie, maar ander word versterk en getroos. Indien jy hierdie soort warm hart het, sal jy nie ander se foute en tekortkominge uitwys nie, maar hulle eerder so omhels, sodat jy goeie verhoudings met hulle kan hê.

Hoe dan, moet ons teenoor sondige mense optree? Ons moet onthou dat ons eens op 'n tyd ook sondig was, maar ons het na God toe gekom, omdat iemand ons in liefde en vergifnis na die waarheid gelei het.

Ook, wanneer ons in aanraking met leuenaars kom, vergeet ons dikwels dat ons ook, voordat ons in God geglo het, soms leuens vertel het, in najaging van ons eie voordele. In plaas daarvan om sulke mense te vermy, moet ons, ons genade toon sodat hulle kan wegdraai, vanaf hulle sondige weë. Slegs wanneer ons hulle verstaan en met verdraagsaamheid en liefde lei, totdat hulle die waarheid besef, kan hulle verander en in die waarheid kom. Eweneens, genade behandel elkeen dieselfde, sonder enige vooroordele, dit beledig niemand nie, en probeer om alles op die goeie manier te verstaan of jy daarvan hou of nie.

8. Seewatersteen: Geduld

Seewatersteen, die agtste fondasie van Nuwe Jerusalem se mure, het 'n blou of 'n donkergroen kleur en herinner ons aan die see. Wat simboliseer seewatersteen geestelik? Dit simboliseer alles se geduld, om God se koninkryk en Sy regverdigheid ten uitvoer te bring. Seewatersteen verteenwoordig, om in liefde te volhard, selfs hulle wie vervolg, vervloek, en jou haat of nie haat nie, twis of teen hulle terugveg.

Jakobus 5:10 spoor ons soos volg aan: "Broers, neem die profete wat in die Naam van die Here gepraat het, as voorbeeld van lyding en geduld." Ons kan ander mense verander, wanneer ons met hulle geduldig is.

Geduld as 'n vrug van die Heilige Gees en geestelike liefde

Ons kan in Galasiërs 5, omtrent geduld as een van die Heilige Gees se nege vrugte lees, en in 1 Korintiërs 13 van liefde as 'n ander vrug. Is daar 'n verskil tussen geduld as 'n vrug van die Heilige Gees en geduld as 'n vrug van liefde?

Aan die een kant, die geduld van liefde verwys na geduld wat verlang word, om enige soort persoonlike onenigheid te verduur, van so 'n aard om geduldig te wees, met hulle wie jou beledig of enige soort ontberings wat jy in jou lewe mag teenkom. Aan die ander kant, geduld as 'n vrug van die Heilige Gees verwys na geduld in waarheid, en geduld voor God met alles.

Daarom, geduld as 'n vrug van die Heilige Gees het 'n wyer betekenis, insluitende, geduld omtrent persoonlike aangeleenthede, en aangeleenthede wat met God se koninkryk en Sy regverdigheid verband hou.

Verskillende soorte geduld in waarheid

Die geduld om God se koninkryk, en regverdigheid ten uitvoer te bring, kan in drie kategorië verdeel word.

Eerstens, tussen God en ons is daar geduld. Ons moet geduldig wees, totdat God se belofte vervul word. God die Vader is geloofwaardig; as Hy een keer iets belowe het, sal Hy dit sekerlik doen. Dus, indien ons 'n belofte van God ontvang het, moet ons geduldig wees, totdat dit vervul word.

Ook, indien ons vir God iets gevra het, moet ons geduldig wees totdat die antwoord kom. Sommige gelowiges sê die volgende, "Ek het die hele nag gebid, en selfs gevas, maar nog steeds is daar geen antwoord nie." Dit is dieselfde soos 'n landbouer, wie die saad saai, en spoedig weer die land omploeg, omdat daar nie dadelik resultate is nie. Indien ons die saad gesaai het, moet ons geduldig wees totdat dit ontkiem, opgroei, bot en blomme kry en dan vrugte dra.

'n Landbouer trek die onkruid uit, en beskerm die gesaaides teen skadelike insekte. Hy verrig baie werk met baie sweet, om goeie vrugte te verkry. Op dieselfde wyse, om 'n antwoord te ontvang, waarvoor ons gebid het, is daar sekere dinge wat gedoen moet word. Ons moet die behoorlike maatstaf, ooreenkomstig die maatstaf van die sewe Geeste – geloof, blydskap, gebed, dank, hardwerkende getrouheid, onderhou van die Gebooie en liefde, vervul.

God antwoord ons slegs dadelik, indien ons die vereiste hoeveelhede ooreenkomstig die mates van ons geloof, vervul. Ons moet verstaan dat die tyd van God se geduld, is die tyd om 'n meer perfekte antwoord te ontvang, en ons selfs te laat juig en meer dank te betuig.

Tweedens, daar is geduld tussen mense. Die geduld van geestelike liefde, behoort tot hierdie soort geduld. Om enige persoon in alle soorte menslike verhoudings lief te hê, benodig ons geduld.

Ons benodig geduld om in enige persoon te glo, hom te verduur en te hoop dat hy voorspoedig sal wees. Selfs al doen hy die teenoorgestelde van wat ons verwag het, moet ons met alles geduldig wees. Ons moet verstaan, aanvaar, vergewe, toegee en geduldig wees.

Hulle wie probeer om baie mense te evangeliseer, sal waarskynlik ondervindings soos vervloekings en vervolgings deurmaak. Indien hulle egter in hulle harte geduldig is, sal hulle daardie siele weer, met 'n glimlag op die gesig besoek. Met liefde om daardie siele te red, sal hulle juig en dank betuig, en nooit opgee nie. Wanneer hulle hierdie soort geduld met goedheid en liefde, vir 'n persoon aan wie die evangelie verkondig is, toon, gaan die duisternis van hom af weg, as gevolg van die lig, en daardie persoon kan sy hart oopmaak, dit aanvaar en saligheid ontvang.

Derdens, daar is geduld om die hart te verander.

Om ons hart te verander, is om die onwaarhede en sonde te verwyder, en dit met waarheid en goedheid te vervang. Om ons hart te verander, is dieselfde as om 'n veld skoon te maak. Ons moet die klippe verwyder, en die onkruid uittrek. Somtyds, moet ons die grond omploeg. Dan, kan dit 'n goeie stuk grond word, en wat jy ookal saai, sal groei en vrugte dra.

Dit is dieselfde met mense se harte. Tot die mate wat ons sonde in ons hart vind, en dit verwerp, kan ons goeie lande in ons harte hê. Dan, wanneer die Woord van God gesaai is, kan dit uitloop, goed groei en vrugte dra. Net soos wat ons hard moet werk en sweet, om die land skoon te maak, moet ons dieselfde doen wanneer ons, ons hart verander. Ons moet ernstig in gebed, met al ons krag en met ons hele hart, uitroep. Dan kan ons die krag van die Heilige Gees ontvang, om ons vleeslike hart, wat soos 'n onvrugbare land is, te kan omploeg.

Hierdie proses is nie so maklik, soos wat jy mag dink nie. Dit is waarom sommige mense beswaard mag voel, ontmoedig word of in wanhoop verval. Daarom benodig ons geduld. Selfs al blyk dit dat ons baie stadig verander, moet ons nooit teleurgesteld wees of opgee nie.

Ons moet die Here, wie vir ons aan die kruis gesterf het, se liefde onthou, en nuwe krag ontvang, en aanhou om ons hart se veld te bewerk. Ook, moet ons na die liefde en seëninge van God opkyk, wat Hy vir ons sal gee, nadat ons die bewerking van ons hart voltooi het. Ons moet ook met groter dankbaarheid, aanhou werk.

Indien ons geen sonde in ons gehad het nie, sou die term "geduld" nie nodig gewees het nie. Buitendien, indien ons slegs liefde, vergifnis en begrip gehad het, sou daar nie vir "geduld" ruimte gewees het nie. Dus, God verwag van ons om die soort geduld te hê, waar die woord "geduld" onnodig is. Inderdaad, God, wie Homself goedheid en liefde is, het nie nodig om geduldig te wees nie. Nogtans, sê Hy vir ons dat Hy "geduldig" met ons is, om die begrip "geduld" te verstaan. Ons moet besef, dat hoe meer kenmerke ons het, om onder sekere omstandighede geduldig te wees, hoe meer sonde het ons in ons harte, volgens God se siening.

Indien ons niks meer het om oor geduldig te wees, nadat ons die volmaakte vrugte van geduld volbring het nie, sal ons altyd gelukkig wees, en slegs die goeie nuus hier en daar hoor, en so lig in ons harte voel, asof ons op die wolke loop.

9. Topaas: Geestelike Goedheid

Topaas, die negende fondament van Nuwe Jerusalem se mure, is 'n deurskynende edelsteen, wat 'n mengsel van rooierig en oranje kleure bevat. Die geestelike hart wat topaas simboliseer, is geestelike goedheid. Goedheid is die eienskap om vriendelik, behulpsaam en eerlik te wees. Die geestelike betekenis, het 'n dieper betekenis.

Daar is goedheid tussen die Heilige Gees se nege vrugte ook, en dit het dieselfde betekenis as topaas se goedheid. Die geestelike betekenis van goedheid, is om die goedheid binne-in die Heilige Gees te soek.

Elke persoon het 'n standaard om tussen reg en verkeerd, en goed en sondig, te oordeel. Dit word "gewete" genoem. Die begrip gewete, verskil van die onderskeie tye, lande en mense.

Die standaard om die omvang van geestelike goedheid te bepaal, is slegs een: die Woord van God, wat die waarheid is. Daarom, om die goedheid vanaf ons perspektief te soek, is nie geestelike goedheid nie. Om goedheid uit God se gesigspunt te soek, is geestelike goedheid.

Matteus 12:35 sê, "Die goeie mens bring die goeie te voorskyn uit die oorvloed goeie dinge in sy hart." Eweneens, hulle wie geestelike goedheid in hulle het, sal op 'n natuurlike wyse daardie goedheid duidelik vertoon. Waarheen hulle ookal gaan of wie hulle ookal mag ontmoet, goeie woorde en dade sal deur hulle voorkom.

Net soos hulle wie parfuum aanspuit, 'n aangename geur sal hê, sal die geur van goedheid uit hulle straal, wie goedheid het. Naamlik, hulle versprei die geur van Christus se goedheid uit. Daarom, deur net goedheid in jou hart te soek, kan nie goedheid genoem word nie. Indien ons 'n hart het wat goedheid soek, dan sal ons op 'n natuurlike wyse die geur van Christus uitgee, met goeie woorde en dade. Op hierdie wyse, moet ons sedelike kuisheid en liefde, aan die mense rondom ons vertoon. Dit is opregte goedheid, geestelike sin.

Die standaard om geestelike goedheid te meet

God Homself is goed, en goedheid word regdeur die Bybel, die Woord van God, gevind. Daar is ook verse in die Bybel wat uitdruklik meer oor topaas weergee, naamlik die kleure van geestelike goedheid.

Eerstens, word dit in Filippense 2:1-4 gevind, wat lees, "Aangesien julle die troos in Christus ondervind het, die aansporing deur die liefde, die gemeenskap deur die Gees, die innige meegevoel en meelewing—maak dan nou my blydskap volkome deur eensgesind te wees: een in liefde, een van hart, een in strewe. Moet niks uit selfsug of eersug doen nie, maar in nederigheid moet die een die ander hoër ag as homself. Julle moenie net elkeen aan sy eie belange dink nie, maar ook aan dié van ander."

Selfs al is iets soms nie ooreenkomstig ons denke en ons karakter korrek nie, indien ons goedheid in God soek, sal ons met ander 'n band vorm en met hulle menings saamstem. Ons sal nie oor enigiets wil twis nie. Ons sal nie enige begeerte hê, om ons op te dring, sodat ander ons moet ophef nie. Met slegs nederige harte, sal ons ander, uit die diepte van ons harte beter beskou. Ons sal ons werk getrou doen, op 'n baie verantwoordelike manier. Ons sal selfs in staat wees, om ander met hulle werk te help.

Ons kan maklik sien watter soort mens het goedheid in sy hart, na aanleiding van die gelykenis van die barmhartige Samaritaan, soos in Lukas 10 gevind:

Toe 'n man eenmaal op pad was van Jerusalem af na Jerigo

toe, het rowers hom aangeval. Hulle het hom kaal uitgetrek en hom geslaan dat hy halfdood bly lê, en toe padgegee. Dit gebeur toe dat daar 'n priester met daardie pad langs kom, en toe hy hom sien, gaan hy ver langs verby. Net so het daar ook 'n Leviet by die plek gekom, en toe hy hom sien, gaan hy ook ver langs verby. Maar 'n Samaritaan wat op reis was, het op hom afgekom, en toe hy hom sien, het hy hom innig jammer gekry. Hy het na hom toe gegaan, sy wonde met olie en wyn behandel en hulle verbind. Toe het hy hom op sy rydier gehelp en hom na 'n herberg toe geneem en hom daar verder versorg. Die volgende dag haal hy twee muntstukke uit en gee dit aan die eienaar van die herberg en sê: "Sorg vir hom, en as jy meer onkoste met hom het, sal ek jou betaal wanneer ek hierlangs terugkom." Wie van hierdie drie is volgens jou die naaste van hom wat onder die rowers verval het (Lukas 10:30-36).

Tussen die priester, die Leviet en die Samaritaan, wie, dan, is 'n ware naaste, en 'n persoon van liefde? Die Samaritaan kan as die ware naaste van die persoon wie aangerand was, gereken word, omdat hy in sy hart goedheid gehad het, om die regte weg te kies, selfs al was hy as 'n nie-Jood beskou.

Hierdie Samaritaan mag dalk nie eers baie kennis, van God se Woord gehad het nie. Ons kan egter sien dat hy 'n hart gehad het, wat gepaard gaan met goedheid. Dit beteken dat hy die geestelike goedheid gehad het, wat met die goedheid in God se oë, gepaard gaan. Selfs al moet ons, ons eie tyd en geld spandeer, moet ons die goedheid in God se oë kies. Dit is geestelike goedheid.

Jesus se goedheid

Matteus 12: 19-20, is 'n ander Bybelvers wat die lig van goedheid, duideliker weergee. Dit is besorg oor Jesus se goedheid. Dit lees:

Hy sal nie twis nie en nie skreeu nie, en niemand sal sy stem op die strate hoor nie. 'n Riet wat geknak is, sal Hy nie afbreek nie en lamppit wat rook, nie uitdoof nie; Hy sal die wil van God laat seëvier.

Die sinsnede, "Hy sal die wil van God laat seëvier" beklemtoon dat Jesus alleenlik met 'n goeie hart in die hele proses, van kruisiging en opstanding gehandel het, sodat ons die oorwinning, deur Sy genade van die saligheid, kon behaal.

Aangesien Jesus geestelike goedheid gehad het, het Hy nooit iemand beledig of met hom getwis nie. Hy het alles met die wysheid van geestelike goedheid en woorde van waarheid aanvaar, selfs wanneer Hy met onaangename en oënskynlike onaanvaarbare situasies, te doen gekry het. Verder, Jesus het nooit diegene wie Hom wou doodmaak, gekonfronteer nie of 'n poging aangewend om Sy onskuld te probeer verduidelik of bewys nie. Hy het alles aan God oorgelaat, en alles met Sy wysheid en waarheid, in geestelike goedheid ten uitvoer gebring.

Geestelike goedheid is die hart wat "nie 'n geknakte riet sal afbreek of 'n lamppit wat rook, uitdoof nie." Hierdie definisie hou die verteenwoordigende verwysigspunte van goedheid.

Hulle wie goedheid het, sal nie op iemand skree of twis

nie. Ook, sal hulle, hulle goedheid in hulle voorkoms vertoon. Soos opgeteken, "Enigiemand sal ook nie Sy stem in die strate hoor nie," hulle wie goedheid het, sal goedheid en nederigheid na buite uitstraal. Hoe blaamloos en volmaak moes Jesus se gewoontes nie gewees het, ten opsigte van Sy manier van loop, gestalte en spraak nie! Spreuke 22:11 sê, "Wie daarop prys stel om opreg te wees en vriendelik te praat, het selfs die koning tot vriend."

Eerstens, 'n 'geknakte riet' verteenwoordig diegene wie baie dinge in hierdie wêreld deurgemaak het, en in hulle harte pyn ervaar. Selfs wanneer hulle God met 'n gebroke hart soek, sal Hy hulle nie versaak nie, maar hulle aanvaar. God en Jesus se harte is die hoogste vlak van goedheid.

Vervolgens, dit is dieselfde met die hart wat nie 'n rokende lamppit kan ruik nie. Indien die lamppit rook, beteken dit dat wil doodgaan, maar daar is steeds die brandreuk wat oorbly. In hierdie betekenis, ''n lamppit wat rook' is 'n persoon wie so besmet is met sonde, dat die lig van sy gees 'smeulend' is. Selfs hierdie soort persoon, indien hy die geringste moontlikheid het, om die saligheid te ontvang, moet ons hom ondersteun en nie verwerp nie. Dit is goedheid.

Ons Here versaak nie diegene wie in sonde lewe nie, en teen God in opstand kom nie. Hy klop steeds aan die deur van hulle harte, sodat hulle toegelaat word, om salig te word. Die hart van ons God is goedheid.

Daar is mense wie se geloof, soos geknakte riete en smeulende lamppitte is. Wanneer hulle in versoekings kom, omdat hulle geloof swak is, het sommige mense nie die krag om op hulle eie weer na die kerk toe te kom nie. Miskien, as gevolg van sekere vleeslike dinge wat hulle nog nie verwerp het nie, hulle mag dalk skade aan ander kerklidmate aangerig het. Aangesien hulle so spyt en verleë daaroor voel, reken hulle dat hulle nie na die kerk toe, kan terugkeer nie.

So ons moet eerste na hulle toe gaan. Ons moet ons hande na hulle toe uitreik, en hulle hande vashou. Dit is goedheid. Daar is ook mense wie aan die begin gelowig is, maar later in die gees agter is. Sommige van hulle word ook soos 'n 'smeulende lamppit'.

Sommige van hulle wil deur ander lief gehê en erken word, maar dit gebeur nie. Dan het hulle 'n gebroke hart en die kwaad, kom te voorskyn. Hulle mag op ander jaloers wees, omdat hulle geestelik vooruitgaan, en mag hulle selfs beskinder. Dit is soos die smeulende lamppit wat rookdampe vrystel.

Indien ons ware goedheid het, sal ons ook in staat wees, om hierdie mense te verstaan en te aanvaar. Indien ons probeer om te bespreek wat reg en verkeerd is, en die ander mense te onderwerp, dan is dit nie goedheid nie. Ons moet hulle met waarheid en liefde behandel, selfs hulle wie sondigheid toon. Ons moet hulle harte versag en aanraak. Wanneer ons dit doen, is dit om in goedheid te handel.

10. Christopraas: Selfbeheersing

Christopraas, die tiende fondament van Nuwe Jerusalem se mure, is die duursaamste van al die chalcedone. Dit het 'n halfdeurskynende donkergroen kleur, en is as een van die kosbaarste en waardevolste edelstene, deur Koreaanse vroue in die ou dae beskou. Volgens hulle simboliseer dit, die vroue se kuisheid en reinheid.

Wat simboliseer christopraas geestelik? Dit verteenwoordig selfbeheersing. Dit is goed om oorvloed van alles in God te hê, maar daar moet selfbeheersing wees, om alles mooi te maak. Selfbeheersing is ook een van die Heilige Gees se nege vrugte.

Selfbeheersing om volmaaktheid uit te voer

Titus 1:7-9 vertel vir ons omtrent die voorwaardes waaraan 'n ouderling van 'n kerk moet voldoen, en een van die voorwaardes is selfbeheersing. Indien 'n persoon wie 'n gebrek aan selfbeheersing het 'n ouderling word, waartoe is hy in staat om uit te voer, in sy onbeheersde lewe?

Wat ons ookal doen vir, en in die naam van die Here, moet ons altyd tussen die waarheid en die onwaarheid kan onderskei, en die wil van die Heilige Gees met selfbeheersing volg. Indien ons daartoe in staat is om die Heilige Gees se stem te hoor, sal ons voorspoedig in alle opsigte wees, aangesien ons selfbeheersing het. Indien ons nie selfbeheersing het nie, egter, kan dinge verkeerd gaan, en ons mag dalk selfs ongelukke teenkom, beide natuurlik en mensgemaakte rampe, siektes ensovoorts.

Eweneens, die vrug van selfbeheersing is so belangrik, en dit is 'n moet, vir die uitvoering van volmaaktheid. Soveel as wat ons die vrug van liefde dra, kan ons die vrug van blydskap, vrede, geduld, vriendelikheid, goedheid, getrouheid en sagtheid dra, en hierdie vrug sal met selfbeheersing voltooi word.

Selfbeheersing kan met die anus in ons liggaam vergelyk

word. Alhoewel dit baie klein is, speel dit 'n baie belangrike rol in die liggaam. Wat indien dit sy sametrekbaarheid verloor? Ontlasting sal nie beheer kan word nie, en ons sal baie vuil en onbetaamlik word.

Op dieselfde wyse, indien ons, ons selfbeheersing verloor, sal alles smerig en wanordelik word. Mense lewe in onwaarheid, omdat hulle nie hulleself geestelik kan beheer nie. As gevolg daarvan, staar hulle beproewinge in die gesig, en kan nie deur God liefgehê word nie. Indien ons nie onsself fisies kan beheer nie, sal ons sondige en onwettige dinge doen, omdat ons sal eet en dronk word, soveel as wat ons wil, en ons lewens wanorderlik sal maak.

Johannes die Doper

Tussen die Bybelfigure is Johannes die Doper 'n goeie voorbeeld.

Johannes die Doper het duidelik geweet, waarom hy na die aarde gekom het. Hy het geweet dat hy die weg vir Jesus, wie die ware Lig is, moes voorberei. Dus, totdat hy sy taak voltooi het, het hy 'n volkome afgesonderde lewe in die wêreld gelei. Hy het homself met gebed en die Woord alleen gewapen, terwyl hy in die woestyn was. Hy het slegs sprinkane en wilde heuning geëet. Dit was 'n baie afgesonderde en noukeurige beheersde lewe. Deur middel van hierdie soort lewe, was hy gereed om die Here se weg voor te bei, en dit volkome te vervul.

In Matteus 11:11, sê Jesus oor hom die volgende, "Dit verseker Ek julle: Onder die mense op die aarde is niemand gebore wat groter is as Johannes die Doper nie, en tog is die geringste in die koninkryk van die hemel groter as hy!"

Indien iemand dink, 'O, nou sal ek diep in die berge gaan of na 'n afgesonderde plek, en daar 'n lewe van selfbeheersing lei!' dan bewys dit dat hy nie selfbeheersing het nie, en God se Woord op sy eie verkeerde manier vertolk, asook te veel dink.

Dit is belangrik om jou hart deur die Heilige Gees te laat beheer. Indien jy nog nie daardie geestelike vlak bereik het nie, moet jy jou vleeslike begeerte beheer, en slegs die begeertes van die Heilige Gees volg. Verder, selfs nadat jy met die gees vervul is, moet jy die sterkte of omvang van elk van die geestelike harte beheer, om volkome harmonie te kan hê. Hierdie selfbeheersing word deur die lig van christopraas getoon.

11. Hiasint: Vlekkeloosheid en Heiligheid

Hiasint, die elfde fondament van Nuwe Jerusalem se mure, is 'n kosbare edelsteen met 'n deurskynende bouerige kleur en geestelik simboliseer dit, vlekkeloosheid en heiligheid.

"Vlekkeloosheid" verwys hier na 'n toestand om geen sonde, en geen vlek sonder enige merk, te hê nie. Indien 'n persoon daagliks, 'n stort of bad 'n aantal kere neem, sy hare netjies kam en mooi klere aantrek, sal die mense sê dat hy skoon en netjies is. Dan, sal God ook sê dat hy skoon is? Wie, dan, is 'n man met 'n rein hart en hoe kan ons die rein hart volbring?

'n Rein hart volgens God se siening

Die Fariseërs en die skrifgeleerdes was hulle hande voordat hulle eet. Dit is 'n voortsetting van die ouderlinge se tradisies. Toe die dissipels van Jesus dit nie doen nie, het hulle vir Jesus 'n vraag gevra, om Hom te beskuldig. Matteus 15:2 sê, "Hoekom verontagsaam u dissipels die oorgelewerde gebruike van die voorgeslagte? As hulle gaan eet, was hulle nie hulle hande nie."

Jesus het vir hulle geleer, wat reinheid werklik is. In Matteus 15:19-20 het Hy gesê, "Uit die hart kom slegte gedagtes: moord, owerspel, onkuisheid, diefstal, vals getuienis, kwaadpratery. Dit is die dinge wat 'n mens onrein maak, maar om met ongewasde hande te eet, maak 'n mens nie onrein nie."

Reinheid volgens God se siening, is om geen sonde in die hart te hê nie. Reinheid is wanneer ons 'n hart het, wat skoon is, sonder enige blaam, vlek of klad. Ons kan ons hande en liggaam met water was, maar hoe kan ons, ons hart reinig?

Ons kan dit ook met water was. Ons kan dit ook reinig, deur dit met die geestelike water, die Woord van God, te was. Hebreërs 10:22 sê, "laat ons tot God nader met 'n opregte hart en met volle geloofsekerheid. Ons harte is immers gereinig van 'n skuldige gewete, en ons liggame is gewas met skoon water." Ons kan skoon en ware harte hê, tot die mate wat ons ooreenkomstig die Woord van God handel.

Wanneer ons enigiets wat die Bybel ons sê om te verwerp en nie te doen nie, gehoorsaam, sal die onwaarhede en sonde van ons hart afgewas word. Ook, wanneer ons enigiets wat die Bybel ons beveel om te doen en dit nakom, gehoorsaam, kan ons verhoed dat ons weer besmet raak, deur die wêreld se sondes en kwaad, deur voordurend van die skoon water voorsien te word. Op hierdie wyse kan ons, ons hart rein hou.

Matteus 5:8 sê, "Geseënd is dié wat rein van hart is, want hulle sal God sien." God het ons vertel van die seëning, wat hulle wie rein van hart is, sal ontvang. Dit is dat hulle God sal sien. Hulle wie rein van hart is, sal God van aangesig tot aangesig, in die koninkryk van die hemel sien. Hulle kan minstens die Derde Koninkryk van die hemel of Nuwe Jerusalem ingaan.

Die regte betekenis van 'om God te sien' is nie net om God te kan sien nie. Dit beteken eintlik, dat ons God altyd sal teenkom, en hulp van Hom sal ontvang. Dit beteken dat ons 'n lewe lei, waartydens God die pad saam met ons loop, selfs op die aarde.

Henog wie 'n rein hart volmaak het

Die vyfde hoofstuk van Genesis beeld Henog, wie 'n rein hart ontwikkel het, en die pad met God op die aarde geloop het, die beste uit. In Genesis 5:21-24, kan ons daarvan lees dat Henog vir driehonderd jaar saam met God geloop het, vandat hy op 65-jarige ouderdom, die vader van Metusalag geword het. Dan, soos opgeteken staan in vers 24, "Hy (Henog) het naby God geleef en toe was hy nie meer daar nie, want God het hom na Hom toe weggeneem," hy was lewendig opgeneem na die hemel toe.

Hebreërs 11:5 gee vir ons die rede, waarom hy lewendig weggeneem kon word na die hemel, sonder om te sterf, dit sê, "Omdat Henog geglo het, is hy weggeneem sonder dat hy gesterf het, en hy was nêrens te vind nie, omdat God hom weggeneem het. Van hom word getuig dat hy, voordat hy weggeneem is, geleef het soos God dit wou."

Henog het God so verbly, deur so 'n rein hart te ontwikkel, sonder enige sonde, selfs tot so 'n mate dat hy nie nodig gehad het, om te sterf nie. Uiteindelik was hy lewendig, weggeneem na die hemel toe. Hy was op daardie stadium 365 jaar oud, maar in daardie dae het mense gewoonlik vir meer as 900 jaar gelewe. In vandag se terme, het God vir Henog weggeneem, toe hy op sy mees energieke stadium van sy jeug was.

Dit was, omdat Henog lieflik in God se oë was. Eerder as om hom op die aarde te hou, wou God vir Henog nader aan Sy sy, in die hemelse koninkryk geplaas het. Ons kan duidelik sien, hoe lief en verheug is God oor hulle wie rein harte het.

Selfs Henog het nie oornag heilig geword nie. Hy het ook verskeie soorte beproewinge, tot die ouderdom van 65 jaar deurgemaak. In Genesis 5:19, kan ons sien dat Jered, die vader van Henog, het vir nog 800 jaar na Henog se geboorte, kinders verwek het. Dus kan ons verstaan dat Henog baie broers en susters gehad het.

God het my deur ernstige gebede laat verstaan, dat Henog geensins enige probleme,met sy broers en susters gehad het nie. Hy wou nooit meer as sy broers gehad het nie; hy het altyd toegewings aan hulle gemaak. Hy wou nooit meer erkenning as sy broers en susters ontvang nie, en het net sy beste gedoen. Selfs wanneer van sy broers meer liefde as hy ontvang het, was hy nie ongemaklik daarmee nie, wat beteken dat hy nie jaloers was nie.

Henog was altyd 'n gehoorsame persoon. Hy het nie alleenlik na God se Woord nie, maar ook na die van sy ouers geluister. Hy het nooit op sy eie mening, aangedring nie. Hy het nie enige ekkerige begeertes gehad nie, en het niks persoonlik opgeneem nie. Hy het met almal in vrede gelewe.

Henog het 'n rein hart in homself ontwikkel, waarmee hy God kon sien. Toe Henog 65 jaar oud geword het, het hy die vlak bereik, waar hy vir God kon verheerlik, en daarvandaan kon hy met God 'n pad loop.

Daar is egter 'n belangriker rede, waarom hy met God 'n pad kon loop. Dit is omdat hy vir God lief was, en baie daarvan gehou het om met God te kommunikeer. Natuurlik het hy nie sy oë op die wêreld se dinge gerig nie, en hy het vir God meer lief gehad, as enigiets in hierdie wêreld.

Henog was lief vir sy ouers en het hulle gehoorsaam, en daar was vrede en liefde tussen hom en al sy familielede, nogtans was dit vir God wie hy die liefste was. Hy het dit geniet om alleen te wees, en God te verheerlik, eerder as om by sy familielede te bly. Hy het na God verlang, wanneer hy na die hemelruim en die natuur gekyk het, en hy het die kommunkasie wat hy met God gehad het, baie geniet.

Dit was so selfs voordat hy die pad met God begin loop het, en vandat hy die pad met God begin loop het, selfs nog meer. Soos opgeteken in Spreuke 8:17 wat sê, "Ek het dié lief wat my liefhet; dié wat my soek, vind my," Henog was lief vir God en het Hom so baie gemis, en God het ook die pad saam met hom geloop.

Hoe groter ons liefde vir God, hoe reiner sal ons hart word, en hoe reiner die hart wat ons het, hoe meer sal ons vir God lief wees, en Hom soek. Dit is gemaklik om met hulle, wie rein van hart is, te praat en te werk. Hulle aanvaar oor die algemeen enigiets, en glo ander.

Wie sal sleg voel en frons, wanneer hulle die opgewekte glimlagte van klein babas sien? Die meeste mense sal goed voel en ook glimlag, wanneer hulle babas sien. Dit is omdat die reinheid van die babas na die mense oorgedra word, en ook hulle harte verfris.

God die Vader voel dieselfde, wanneer Hy iemand met 'n rein hart sien. Dus, wil Hy meer hierdie soort persoon sien, en Hy wil graag met hom wees.

12. Purper: Skoonheid en Sagtheid

Die twaalfde en laaste fondament van Nuwe Jerusalem se mure, is van purper gemaak. Purper het 'n ligte pers kleur, en is deurskynend. Purper het so 'n smaakvolle en pragtige kleur, dat dit sedert die outyd deur die edelmense geliefd was.

God het ook die geestelik hart wat deur purper gesimboliseer word, as pragtig beskou. Die geestelike hart wat deur purper gesimboliseer word, is sagtheid. Hierdie sagtheid word in die Hoofstuk van Liefde, in die Saligsprekinge, en selfs in die nege vrugte van die Heilige Gees, gevind. Dit is 'n vrug wat sekerlik in 'n persoon gedra word, wie geboorte aan die gees deur die Heilige Gees gee, en volgens die Woord van God lewe.

Die hart van sagtheid, deur God as pragtig beskou

'n Woordeboek definieer sagtheid as die kenmerke van

vriendelikheid, goedaardigheid, en nederigheid; [en] en om in staat te wees, om kalmte deelagtig te maak. Die sagtheid wat God as pragtig beskou, het nie net daardie kenmerke nie.

Hulle, wie in die vlees, vriendelike kenmerke het, voel ietwat ongemaklik omtrent mense wie nie vriendelik is nie. Wanneer hulle iemand sien wie baie uitgesproke of sterk van karakter is, raak hulle ietwat versigtig, en vind dit selfs moeilik om met so 'n soort persoon te kommunikeer. 'n Persoon wie geestelik vriendelik is, kan enige persoon of kenmerk aanvaar. Dit is een van die verskille tussen vleeslike en geestelike vriendelikheid.

Dus, wat is geestelike vriendelikheid, en waarom beskou God dit as pragtig?

Om geestelik vriendelik te wees, is om 'n sagte en warm karakter te hê, tesame met 'n verdraagsame hart, om iedereen te aanvaar. Dit is elkeen wie 'n hart het, wat sag en gesellig is soos katoen, sodat baie mense rus by hom kan vind. Ook, is dit iemand wie enigiets in goedheid kan verstaan, en alles in liefde kan omhels en aanvaar.

Daar is een ding wat nie by geestelike sagtheid, kan ontbreek nie. Dit is die deugsame karakter, in verhouding met 'n verdraagsame hart se aanwesigheid. Indien ons slegs 'n baie warm en sagte hart in onsself het, beteken dit regtig eintlik niks nie. Van tyd tot tyd, wanneer dit nodig is, moet ons in staat wees om ander te bemoedig en van raad te bedien, en dade van goedheid en liefde te toon. Om 'n deugsame karakter te wys, is om ander te versterk, hulle die warmte te laat voel, en hulle rustigheid in jou hart te laat vind.

'n Geestelike sagte persoon

Hulle wie ware geestelike sagtheid het, het geen vooroordele omtrent enige persoon nie. Dus, het hulle geen probleme met, en verkeer hulle met enigiemand op goeie voet. Die ander persoon voel ook hierdie warm hart, sodat hy kan rustig word en gemoedsrus vind, en voel asof hy met warmte omhels word. Hierdie geestelike sagtheid is soos 'n groot boom wat 'n groot, koel skaduwee op 'n warm somerdag voorsien.

Indien die man al sy familielede met 'n verdraagsame hart omhels en aanvaar, sal die vrou hom respekteer en baie lief vir hom wees. Indien die vrou ook 'n hart so sag soos katoen het, kan sy steun en vrede aan haar man voorsien, sodat hulle 'n baie gelukkige egpaar kan wees. Ook, die kinders wie deur so 'n familie grootgemaak word, sal nie afdwaal nie, selfs wanneer hulle probleme in die gesig staar. Angesien hulle versterk kan word, in die rustigheid van die familie, kan hulle probleme oorkom en opgroei in opregtheid en met goeie gesondheid.

Eweneens, deur hulle wie geestelike sagtheid ontwikkel het, sal mense rondom hulle ook rustigheid kan vind, en gelukkig voel. Dan, sal God die Vader ook sê, dat hulle wie geestelik vriendelik is, is regtig pragtig.

In hierdie wêreld, probeer die mense verskeie maniere, om ander se harte te wen. Hulle mag dalk ander van materiële dinge voorsien of hulle sosiale beroemdheid of mag gebruik. Met daardie vleeslike maniere, kan ons nie waarlik ander se harte wen nie. Hulle mag ons dalk vir die oomblik help, as gevolg van hulle behoeftes, maar omdat hulle nie hulle regtig uit die hart onderwerp nie, sal hulle mening verander wanneer die situasies verander.

Mense sal van nature rondom 'n persoon vergader, wie geestelike sagtheid het. Hulle onderwerp hulle vanuit hulle harte en begeer om by hom te wees. Dit is omdat, deur 'n persoon wie geestelike sagtheid het, kan hulle versterk word en die gemaklikheid aanvoel, wat hulle nie in die wêreld kon voel nie. Dus, baie mense sal by 'n persoon met geestelike sagtheid bly, en dit word die geestelike mag.

Matteus 5:5 vertel omtrent hierdie seëning, om baie siele te wen, deur te vertel dat hulle die nuwe aarde sal erf. Dit beteken dat hulle die harte van mense sal wen, wie op die aarde gemaak is. As gevolg daarvan, sal hulle ook 'n groot stuk grond in die ewige hemelse koninkryk ontvang. Aangesien hulle baie siel omhels het en na die waarheid gelei het, sal hulle beloning groot wees.

Dit is waarom God dit omtrent Moses in Numeri 12:3 sê, "Moses was 'n uiters sagmoedige man, meer as enigiemand anders op die aarde." Moses het die uittog gelei. Hy het meer as 2 miljoen mense vir 40 jaar in die woestyn gelei, en die pad gewys. Net soos wat ouers hulle kinders opvoed, het hy hulle in sy hart omhels en hulle ooreenkomstig God se wil gelei.

Selfs wanneer hulle kinders ernstige sondes pleeg, sal die ouers hulle nie net verlaat nie. Op dieselfde wyse, het Moses selfs diegene huisvestiging gegee, wie dit nie kon help nie maar volgens die Wet verlate was, en hy het hulle tot aan die einde gelei, en vir God gevra om hulle te vergewe.

Wanneer jy selfs net 'n klein taak by die kerk het, sal jy

verstaan hoe goed hierdie sagtheid is. Nie net take soos om na die siele om te sien nie, maar met enige soort taak, indien jy dit met sagtheid uitvoer, sal jy geen probleme ondervind nie. Daar is nie twee mense met dieselfde hart en gedagtes nie. Elkeen is onder verskillende omstandighede opgevoed, en het verskillende karaktereienskappe. Hulle gedagtes en denkwyses mag dalk nie ooreenstem nie.

Hy wie sagmoedig is, kan ander met 'n verdraagsame hart aanvaar. Die sagtheid om jouself te ledig en ander te aanvaar, vertoon pragtig in 'n situasie, waar elkeen daarop aandring dat hy reg is.

Ons het by elkeen van die twaalf fondamente van Nuwe Jerusalem se mure geleer, omtrent die geestelike harte, soos deur elkeen gesimboliseer. Hulle is die harte van geloof, opregtheid, opoffering, geregtigheid, getrouheid, hartstog, genade, geduld, goedheid, selfbeheersing, reinheid en sagtheid. Wanneer ons al hierdie karakterbeskrywings saamvoeg, word dit die hart van Jesus Christus en God die Vader. In een sinsnede, dit is 'volmaakte liefde.'

Hulle wie hierdie volmaakte liefde ontwikkel het, met 'n goeie gebalanseerde kombinasie van elke karakter van die twaalf juwele, kan reguit die Stad Nuwe Jerusalem ingaan. Ook, hulle huise in Nuwe Jerusalem sal, met die twaalf verskillende juwele versier word.

Daarom, die binnekant van die Stad Nuwe Jerusalem is, so onbeskryflik pragtig en verruklik. Die huise, geboue en al die fasaliteite soos parke, is op die mooiste denkbare maniere versier.

Wat God as die mooiste beskou, is die mense wie die Stad

inkom. Hulle sal meer helder ligte verskaf, as die ligte wat vanaf al twaalf juwele afkomstig is. Hulle sal ook 'n sterk aroma van liefde, uit die diepte van hulle harte aan die Vader voorsien. Hierdeur, sal God die Vader getroos word, vir alles wat Hy reeds dan gedoen het.

Hoofstuk 6

Die Twaalf Pêrelhekke en die Goue Pad

1. Die Twaalf Hekke Gemaak van Pêrels
2. Strate Gemaak van Suiwer Goud

> *"Die twaalf poorte is twaalf pêrels. Elkeen van die poorte is uit een pêrel gemaak. Die strate van die stad is van suiwer goud, blink soos 'n spieël."*
>
> - Die Openbaring 21:21 -

Die Stad Nuwe Jerusalem het twaalf hekke, drie elk aan die noorde, suide, ooste en westekant van die mure. 'n Ontsaglike engel bewaak elke hek, en die skouspel vertoon die heerlikheid en die mag, van die Stad Nuwe Jerusalem in 'n oogopslag. Elke hek is boogvormig, en dit is ontsaglik hoog, sodat ons daarna moet opkyk. Elke hek is van een reusagtige pêrel gemaak. Dit skuif na beide kante toe oop, en het 'n handvatsel wat van goud en ander kosbare edelstene, gemaak is. Die hek open outomaties, sonder dat iemand dit met die hand moet oopmaak.

God het twaalf hekke met die mooiste pêrels, en die strate van goud, vir Sy geliefde kinders gemaak. Hoeveel mooier en skitterend, sal die bouwerk in die Stad nie wees nie?

Alvorens ons in die geboue en terreine van die Stad Nuwe Jerusalem gaan delf, laat ons eerstens beredeneer wat die redes was, waarom God die hekke van Nuwe Jerusalem van pêrels gemaak het, en watter ander strate daar is, behalwe die wat van goud gemaak is.

1. Die Twaalf Hekke Gemaak van Pêrels

Die Openbaring 21:21 lees, "Die twaalf poorte is twaalf pêrels. Elkeen van die poorte is uit een pêrel gemaak. Die strate van die stad is van suiwer goud, blink soos 'n pêrel." Waarom, dan, is die twaalf hekke van pêrels gemaak, terwyl daar in Nuwe Jerusalem so baie ander kosbare edelstene is? Sommige mag sê, dat dit beter sou wees om elke hek met verskillende juwele te versier, aangesien daar twaalf hekke is, maar God het al twaalf hekke met pêrels versier.

Dit is omdat God se voorsienigheid en geestelike belang, in hierdie ontwerp sigbaar is. Anders as ander juwele, hou pêrels 'n verskillende waarde, en dit word kosbaarder as ander juwele beskou, omdat dit na 'n pynvolle proses, geproduseer word.

Waarom is die twaalf hekke van pêrels gemaak?

Hoe word 'n pêrel geproduseer? 'n Pêrel is een van die see se organiese juwele, die ander een is 'n koraal. Dit word wyd deur ontelbare mense vereer, aangesien dit 'n pragtige glans uitstraal, sonder om gepolitoer te word.

'n Pêrel word op die inwendige vlies van die oester se skulp gevorm. Dit is 'n klont van abnormale glansende afskeiding, hoofsaaklik van kasiumkarbonaat, in 'n half-bol of bolvorm. Wanneer vreemde stowwe in die sagte vlees van die skulp indring, verduur die skulp geweldige pyn, asof 'n naald dit prik. Dan, beveg die skulp die vreemde stof, en verduur 'n geweldige hoeveelheid pyn. 'n Pêrel word geproduseer, wanneer die afskeiding van die skulp die vreemde stof herhaaldelik bedek.

Daar is twee soorte pêrels: natuurlike en gekweekte pêrels. Mense het die grondbeginsel om pêrels te produseer, vasgestel. Hulle het baie skulpe versamel en kunsmatige stowwe daarin geplaas, sodat dit pêrels kan produseer. Hierdie pêrels vertoon aanvanklik natuurlik, maar hulle is relatief goedkoper, omdat hulle 'n dunner pêrellaag het.

Net soos wat 'n skulp 'n pragtige pêrel maak, terwyl dit groot pyn teen vreemde stowwe verduur, is daar 'n proses van uithouvermoë, vir God se kinders in hulle strewe daarna, om God se verlore beeld te herwin. Hulle kan oombliklik met geloof kom, soos suiwer goud, waarmee hulle Nuwe Jerusalem kan ingaan, slegs nadat hulle ontberinge en droefheid verduur het, terwyl hulle op die aarde gewoon het.

Indien ons die oorwinning met geloof wil wen, en deur die

hekke van Nuwe Jerusalem wil beweeg, moet ons almal 'n pêrel in ons harte produseer. Net soos wat die pêreloester die pyn en geheime van die perlemoer verduur, om 'n pêrel te produseer, moet God se kinders die pyn verduur, totdat hulle God se beeld volkome herwin het.

Nadat sonde in die wêreld gekom het, en die mense meer en meer met sondes bevlek geraak het, het hulle God se beeld verloor. In die mense se harte was kwaad en onwaarhede geplant, wat hulle harte onrein gemaak het, en 'n slegte stank afgegee het. God die Vader het Sy groot liefde, selfs vir hierdie mense, wie in die sondige wêreld met sondige harte gewoon het, getoon.

Enigiemand wie in Jesus Christus glo, sal deur Sy bloed van sy sonde gereinig word. Die soort van ware kinders wat God die Vader wil hê, is daardie kinders wie volkome volwasse en volgroei is. Hy wil hulle hê wie nie weer hulleself sal besmet, nadat hulle gereinig is nie. Geestelik, beteken dit dat hulle nie meer sal sondig nie, maar Vader God met volmaakte geloof, sal verheerlik.

Om hierdie soort volmaakte geloof te hê, moet ons eerstens ware harte hê. Ons kan 'n ware hart bekom, wanneer ons alle sondes verwerp en ons hart met goedheid en liefde vul. Hoe meer goedheid en liefde ons het, hoe meer het ons God se beeld herwin.

God die Vader laat verfynde beproewinge teenoor Sy kinders toe, sodat hulle goedheid en liefde kan ontwikkel. Hy laat hulle sondes en kwaad, deur verskillende situasies in hulle harte ontdek. Wanneer ons die sondes en kwaad vind, sal ons die pyn in ons hart voel. Dit is soos wanneer 'n skerp voorwerp 'n oester binnedring en die sagte vlees deurboor. Ons moet die feit erken dat ons pyn het, wanneer ons deur beproewinge gaan, as gevolg van die sondes en kwaad wat in ons harte is.

Indien ons regtig hierdie feit erken, kan ons 'n geestelike pêrel in ons hart produseer. Ons sal met ywerigheid bid, om die sondes en kwaad wat ons ontdek het, te verwerp. Dan, sal die genade en krag van God oor ons kom. Die Heilige Gees sal ons ook help. As gevolg hiervan, sal die sondes en kwaad wat ons gevind het, verwyder word, en in die plek daarvan sal ons 'n geestelike hart bekom.

Pêrels is uitermate kosbaar, wanneer die proses van produsering beskou word. Net soos wat skulpe ly en baie pyn verduur om pêrels te produseer, moet ons baie pyn oorkom en verduur, om Nuwe Jerusalem te kan ingaan. Ons kan deur hierdie hekke ingaan, alleenlik wanneer ons die geloofstryd oorwin het. Hierdie hekke is gemaak, om hierdie feit te simboliseer.

Hebreërs 12:4 sê vir ons, "Julle het nog nie so teen die sonde weerstand gebied dat dit vir julle 'n stryd om lewe of dood geword het nie." Die tweede gedeelte van Die Openbaring 2:10 spoor ons aan met "Bly getrou tot die dood toe, en Ek sal julle die lewe as kroon gee."

Soos die Bybel vir ons sê, ons kan Nuwe Jerusalem, die mooiste plek in die hemel ingaan, alleenlik wanneer ons sonde kan weerstaan, alle soorte kwaad kan verwerp, en tot die dood getrou is, en al ons pligte nakom.

Oorkoming van geloofsbeproewinge

Ons moet geloof soos suiwer goud hê, om deur die twaalf hekke van Nuwe Jerusalem te gaan. Hierdie soort geloof word nie net gegee nie; alleenlik wanneer ons die beproewinge slaag en oorkom, word sulke geloof aan ons toegeken, net soos wat 'n skulp groot pyn moet deurstaan, om 'n pêrel te produseer. Nogtans, dit is nie so maklik om met geloof te seëvier nie, omdat die vyandige duiwel en Satan daar is, om ten alle koste te probeer verhoed, dat ons gelowig word. Verder, totdat ons op die geloofsrots staan, mag ons voel dat die pad na die hemel hard en pynvol is, omdat ons hewige gevegte moet deurmaak, teen die vyandige duiwel, tot die mate wat ons onwaarhede in ons harte het.

Nogtans, ons kan dit oorkom, omdat God vir ons Sy genade en krag gee, terwyl die Heilige Gees ons help en lei. Indien ons op die geloofsrots staan, nadat ons hierdie stappe gevolg het, sal ons in staat wees om alle soorte beproewinge te oorkom en te juig, in plaas van om te ly.

Boeddhistiese monnike slaan hulle liggame en "maak hulle tot slaaf" deur meditasies, om van die wêreldse probleme te ontsnap. Sommige van hulle beoefen, vir dekades lank strenge onthouding, en wanneer hulle sterf, word 'n pêrelagtige voorwerp vanaf hulle oorskot herwin. Dit word na baie jare se weerstandsvermoë en selfbeheersing gevorm, op dieselfde wyse waarop pêrels deur oesterskulpe geproduseer word.

Hoeveel sal ons moet verduur, om onsself te beheer van pyn, indien ons probeer om met ons eie kragte alleen, ons van die wêreld se plesier en die liggaam se begeertes te weerhou? Nogtans, God se kinders kan vinnig met die wêreld se plesier wegdoen, deur God se genade en krag, en die Heilige Gees se werke, in hulle midde. Ook, kan ons enige soort beproewing oorkom, met God se hulp, en kan ons die geestelike wedloop aflê, omdat die hemel vir ons voorberei is.

Daarom, God se kinders wie geloof het, het nie nodig om tydens hulle beproewinge pyn te verduur nie, maar kan dit met vreugde en danksegging oorkom, in afwagting op die seëninge wat hulle spoedig sal ontvang.

Twaalf pêrelhekke is vir die oorwinnaars met geloof

Die twaalf pêrelhekke dien as triomfboë vir oorwinnars met geloof, op die wyse wat bevelvoerders huiswaarts keer, na suksesvolle veldslae, en dan deurt 'n gedenkteken marsjeer om hulle heldedade te eer.

In die ou dae, het mense verskeie monumente en strukture opgerig en dit na helde vernoem, wanneer soldate en hulle bevelvoerders triomferend terugkeer. Die triomferende general sou vereer word, en deur 'n triomfboog of hek beweeg, terwyl 'n groot skare mense hom verwelkom, en ry op 'n wa wat deur die koning na hom toe gestuur was.

Wanneer hulle die onthaalsaal bereik, te midde van die triomfantlike sang, sal die gesante wie saam met die koning en die koningin sit, hulle verwelkom. Die bevelvoerder sal dan van die wa klim en voor die koning buig, daarna sal die koning hom ophef, en vir sy uitnemende diens prys. Dan eet en drink hulle, en deel die vreugde van die oorwinning. Die bevelvoerder kan dalk met mag, rykdom en eerbewyse beloon word, wat met dié van die koning vergelykbaar is.

Indien die mag van die bevelvoerder en die weermag so groot is, hoeveel groter sal die mag wees, van hulle wie deur die twaalf hekke van Nuwe Jerusaem beweeg? Hulle sal deur die Vader God geliefd en opgevrolik word, en daar vir ewig in die glorie woon, wat onvergelykbaar is met dit van 'n bevelvoerder of soldate wie deur 'n triomfboog beweeg. Wanner hulle deur die twaalf hekke, wat geheel en al van pêrels gemaak is, beweeg, word hulle aan hulle geloofsreis herinner, waartydens hulle geworstel het, en hulle beste probeer het, tot die punt van trane storting, sodat dit weens dankbaarheid uit die diepte van hulle harte opgebruis het.

Grootheid van die twaalf pêrelhekke

In die hemel vergeet mense nooit iets nie, selfs nie na 'n lang tydsverloop nie, omdat die hemel deel van die geestelike wêreld vorm. In plaas daarvan, koester hulle eerder somtyds die verlede se herinneringe.

Dit is waarom hulle, wie Nuwe Jerusalem ingaan, oorweldig raak wanneer hulle ookal na die twaalf pêrelhekke kyk, en dink, 'Ek het baie beproewinge oorkom, en uiteindelik by Nuwe Jerusalem aangekom!' Hulle is verheug om die feit te onthou, dat hulle uiteindelik die stryd teen die vyandige duiwel en die wêreld gewen het, en enige en alle onwaarhede in hulle verwerp het. Hulle gee dan weereens dank aan God die Vader, en onthou Sy liefde wat hulle gelei het, om die wêreld te oorkom. Hulle bedank ook diegene wie hulle gehelp het, totdat hulle daardie plek bereik het.

In hierdie wêreld, verflou die graad van dankbaarheid somtyds volkome of verminder met die verloop van tyd, maar aangesien daar geen huigelary in die hemel is nie, sal mense se dankbaarheid, vreugde en liefde met die verloop van tyd, al meer groei. Dus, wanneer Nuwe Jerusalem se inwoners na die pêrelhekke kyk, is hulle dankbaar teenoor God se liefde, asook teenoor die wie hulle gehelp het om daar te kom.

2. Strate Gemaak van Suiwe Goud

Soos wat die mense hulle lewens op aarde in herinnering roep, en deur die vorstelike boogvormige pêrelhekke beweeg, gaan hulle uiteindelik Nuwe Jerusalem binne. Die Stad is gevul met die lig van God se glorie, en ver weg, die rustige geluide van die engele se lofprysinge, en die sagte blommegeur. Soos wat hulle elke tree binne die Stad gee, voel hulle onuitspreeklike blydskap en ekstase.

Die mure wat met twaalf juwele versier is, asook die pragtige pêrelhekke is alreeds bespreek. Waarvan dan, is die strate van Nuwe Jerusalem gemaak? Soos wat Die Openbaring 21:21 vir ons sê, "Die strate van die stad is van suiwer goud, blink soos 'n spieël." God het die strate van Nuwe Jerusalem van suiwer goud vir Sy kinders, wie die Stad ingaan, gemaak.

Jesus Christus: Die Weg

In hierdie wêreld, is daar baie soorte paaie, wat varieer van 'n rustige voetpad tot 'n spoorweg, van smal strate tot snelweë. Afhangend van die bestemming en die behoefte, sal mense verskillende paaie neem. Nietemin, om hemel toe te gaan, is daar net een weg: Jesus Christus.

Ek is die weg en die waarheid en die lewe. Niemand kom na die Vader toe behalwe deur My nie (Johannes 14:6).

Jesus, die enigste Seun van God, het die weg na die saligheid gebaan, deur namens alle mense, wie sou gesterwe het weens hulle sondes, gekruisig te word, en op die derde dag weer op te staan. Wanneer ons in Jesus Christus glo, is ons bevoeg om die ewige lewe te ontvang. Daarom, is Jesus Christus die enigste weg na die hemel, saligheid en die ewige lewe. Bowendien, dit is die weg na die ewige lewe om Jesus Christus aan te neem en met Sy karakter ooreen te kom.

Goue strate

Aan weerskante van die Rivier met die Water van die Lewe is daar strate wat jou toelaat, om maklik die troon van God in die grenslose hemel te vind. Die Rivier met die Water van die

Lewe, het sy oorsprong vanaf die troon van God en die Lam, en vloei deur die Stad Nuwe Jerusalem en alle woonplekke in die hemel, waarna dit na die troon van God terugvloei.

Toe het die engel my die rivier met die water van die lewe gewys. Dit is helder soos kristal en dit stroom uit die troon van God en van die Lam uit. Tussen die hoofstraat van die stad aan die een kant en die rivier aan die ander kant staan die boom van die lewe. Hy dra twaalf keer per jaar vrugte: elke maand lewer hy sy vrugte. Die blare van die boom bring genesing vir die nasies (Die Openbaring 22:1-2).

Geestelik, simboliseer "water" die Woord van God, en omdat ons die lewe deur Sy Woord verkry, en die weg van die ewige lewe deur Jesus Christus gaan, vloei die Water van die Lewe vanaf die troon van God en die Lam.

Bowendien, aangesien die Rivier met die Water van die Lewe die hemel omring, kan ons Nuwe Jerusalem maklik bereik, deur net die goue strate weerskante van die Rivier te volg.

Die betekenis van goue strate

Goue strate is nie slegs in Nuwe Jerusalem gemaak nie, maar ook regdeur alle plekke in die hemel. Nogtans, net soos wat die helderheid, materiale en skoonheid van die een woonplek van 'n ander verskil, net so verskil die helderheid van die goue strate ten opsigte van elke woonplek ook.

Suiwer goud in die hemel, anders as goud wat in die wêreld gevind word, is nie sag nie, maar hard en sterk. Nogtans, wanneer ons op hierdie goue strate loop, voel dit baie sag. Verder, in die hemel is daar nie stof of enigiets vuil nie, en aangesien niks ooit verweer nie, word die goue strate nooit beskadig nie. Aan weerskante van die strate blom pragtige blomme, en hulle groet God se kinders, wie in die strate loop.

Wat, dan, is die betekenis en rede om die strate van suiwer goud te maak? Dit is om ons te herinner dat hoe skoner ons harte is, soveel beter plek in die hemel kan ons kry, om in te woon. Verder, aangesien ons Nuwe Jerusalem kan ingaan, slegs wanneer ons na die Stad met geloof en hoop beweeg, het God die strate gemaak van suiwer goud, wat geestelike geloof verteenwoordig, en die vurige hoop wat uit die geloof gebore is.

Blompaaie

Net soos wat daar 'n verskil is om op pas gesnyde grasperke, rotse, geplaveide paaie ensovoorts te loop, is daar 'n verskil tussen loop op die goue strate en op blompaaie. Daar is ook ander paaie wat van juwele gemaak is, en daar is 'n onderskeid van vreugde wat gevoel word, wanneer daarop geloop word. Ons bemerk ook die verskil in gerief tussen die verskillende soorte van vervoer soos, 'n vliegtuig, trein of per bus. Dit is dieselfde in die hemel. Vir onsself om op die paaie te loop, is volkome verskillend daarvan, om deur God se krag outomaties vervoer te word.

Die blompaaie in die hemel het nie blomme aan weerskante van die paaie nie, omdat die paaie self van blomme gemaak is, sodat die mense op die blomme kan loop. Dit voel sag en donsagtig, sodat dit voel asof jy op 'n sagte vloermatjie kaalvoet loop. Die blomme word nie beskadig of verlep nie, omdat ons liggame geestelike liggame is, wat baie lig is, en nie vertrap word nie.

Bowendien, hemelse blomme is verheug en stel hulle geure

vry, wanneer God se kinders op dit loop. Dus wanneer hulle op die blompaaie loop, word die geure deur hulle liggame geabsorbeer, sodat hulle harte salig, verfris en gelukkig voel.

Juweelpaaie

Die paaie is van juwele met baie verskillende helder kleure, en vol pragtige ligte gemaak, en wat meer interessant is, daar skyn mooier ligte wanneer geestelike liggame daarop loop. Selfs die juwele stel geure vry, en die blydskap en vreugde is ondenkbaar. Ook, ons kan die opwinding voel, wanneer ons op die juweelpaaie loop, omdat dit voel asof ons op water loop. Nogtans, dit beteken nie dat ons sal voel of ons in die water wegsink of verdrink nie, maar eerder in vervoering raak, na elke tree met 'n bietjie inspanning.

Alhoewel, ons kan hierdie juweelpaaie net in sekere dele van die hemel vind. Met ander woorde, dit word toegeken aan en rondom die huise van, hulle wie die ewebeeld van God se hart aangeneem het, en 'n groot deel bygedra het om God se voorsienigheid, van die menslike ontwikkeling, ten uitvoer te bring. Dit is dieselfde, as wat selfs 'n klein gangetjie in 'n koning se paleis met smaakvolle versierings, en met die hoogste kwaliteit materiale, versier word.

Mense word nie moeg of vies vir enigiets in die hemel nie, maar is vir alles ewig lief, omdat dit die geestelike wêreld is. Ook, hulle voel meer vreugde en blydskap, omdat selfs 'n klein voorwerp met geestelike betekenis, ingesluit is, en mense se liefde en bewondering, verhoog ooreenkomstiglik.

Hoe mooi en wonderlik is Nuwe Jerusalem! Dit is deur God vir Sy geliefde kinders voorberei. Selfs die mense van die Paradys, die Eerste, Tweede en Derde Koninkryke van die hemel is grootliks verheug, en word dankbaar wanneer hulle deur die pêrelhekke beweeg, nadat hulle 'n uitnodiging na Nuwe Jerusalem ontvang het.

Kan jy jou voorstel hoeveel dankbaarder en vreugdevoller God se kinders moet wees omtrent dit, dat hulle by Nuwe Jerusalem aangekom het, as gevolg van die feit dat hulle as gelowiges, die Here op die ware weg gevolg het?

Drie sleutels om die Stad Nuwe Jerusalem te kan ingaan

Nuwe Jerusalem is 'n kubusvormige stad met sy wydte, lengte en hoogte gelyk aan 2,400 km. Die stad se mure het in totaal twaalf hekke en twaalf fondamentstene. Die stad se muur, die twaalf hekke en die twaalf fondamentstene het geestelike betekenisse. Indien ons daardie betekenisse verstaan en dit in ons harte ten uitvoer bring, kan ons die geestelike kwalifikasie verkry, sodat ons Nuwe Jerusalem kan ingaan. Met hierdie begrip, daardie geestelike betekenisse is die sleutels om die Stad Nuwe Jerusaem te kan ingaan.

Die eerste sleutel om Nuwe Jerusalem te kan ingaan, is in die stadsmuur versteek. Soos opgeteken in Die Openbaring 21:18, "Die muur is met opaal gebou en die stad self met suiwer goud wat soos 'n skoon spiel lyk," die stad se muur is gebou met jasper, wat geestelik simboliseer, die geloof om God te verheerlik.

Geloof is die mees basiese en belangrikste ding in 'n Christelike lewe. Sonder geloof kan ons nie gered word nie, en ook nie vir God verheerlik nie. Om die Stad Nuwe Jerusalem te kan ingaan, moet ons die geloof hê om God te verheerlik—die vyfde geloofsvlak, wat die hoogste geloofsvlak is. Daarom, die eerste sleutel is die vyfde vlak van geloof—die geloof om God te verheerlik.

Die tweede sleutel word in die twaalf fondamentstene gevind. Die konsolidering van die geestelike harte wat deur die twaalf fondamentstene verteenwoordig word, is die volmaakte liefde, en hierdie volmaakte liefde is die tweede sleutel na Nuwe Jerusalem.

Die twaalf fondamente is van twaalf verskillende juwele gemaak. Elke juweel op die twaalf fondamente simboliseer 'n spesifieke soort geestelike hart. Daar is die harte van geloof, opregtheid, opoffering, regverdigheid, getrouheid, hartstog, genade, geduld, goedheid, selfbeheersing, reinheid en sagtheid. Wanneer ons al hierdie karakters konsolideer, word dit die hart van Jesus Christus en God die Vader, wie self liefde is. In opsomming, die tweede sleutel om Nuwe Jerusalem te kan ingaan, is volmaakte liefde.

Die twaalf pêrelhekke is die derde sleutel wat in die Stad Nuwe Jerusalem versteek is. Deur die pêrel, wil God hê dat ons moet besef, hoe ons Nuwe Jerusalem kan ingaan. 'n Pêrel word baie verskillend, van ander juwele gemaak. Al die goud, silwer en ander kosbare edelstene waarvan die twaalf fondamente gemaak is, is almal afkomstig van die aarde af. Maar 'n pêrel word uniek, van 'n lewende ding gemaak.

Die meeste pêrels word deur pêreloesters gevorm. Die pêreloester verduur met pyn en geheime die perlemoer, om die oester te vorm. Op dieselfde wyse, moet God se kinders ook die pyn verduur, totdat hulle God se ewebeeld volkome herwin het.

God die Vader wil al daardie kinders verkry, wie hulleself nie weer besmet, nadat hulle deur Jesus Christus se bloed gereinig is nie, maar Vader God met die volmaakte geloof, verheerlik. Om hierdie volmaakte geloof te besit, vereis van ons om 'n ware hart te hê. Ons kan 'n ware hart bekom, wanneer ons alle sondes en kwaad uit ons hart verwyder, en dit eerder met goedheid en liefde vul.

Dit is waarom God vir ons geloofsbeproewinge toelaat, totdat ons 'n ware hart en volmaakte geloof het. Hy laat ons die sondes en kwaad in ons harte, deur middel van verskillente situasies uitvind. Wanneer ons die sondes en kwaad vind, sal ons die pyn in ons hart voel. Dit is soos wanneer 'n skerp voorwerp tot in die oester se sagte vleis indring, en dit deurboor. Op dieselfde wyse as wat die pêreloester die onwelkome indringer, laag vir laag met die perlemoer bedek, en dit laag vir laag dikker word, wanneer ons deur beproewinge met geloof gaan, word die perlemoen van ons harte al dikker. Net soos wat 'n pêreloester 'n pêrel maak, moet ons gelowiges ook geestelike pêrels maak, om Nuwe Jerusalem te kan ingaan. Dit is die derde sleutel om Nuwe Jerusalem te kan ingaan.

Ek wens dat jy die geestelike betekenisse soos vasgesit, in die stadsmuur van Nuwe Jerusalem sal verstaan, die twaalf hekke van die muur en die twaalf fondamentstene asook die drie sleutels om Nuwe Jerusalem te kan ingaan, deur die geestelike kwalifikasies te hê.

Hoofstuk 7

Die Betowerende Toneel

1. Geen Behoefte aan Sonskyn of Maanlig nie
2. Die Verrukking van Nuwe Jerusalem
3. Ewigdurend met die Here Ons Bruidegom
4. Die Glorie van Nuwe Jerusalem se Inwoners

> *"'n Tempel het ek nie in die stad gesien nie, want sy tempel is die Here God, die Almagtige, en die Lam. Die stad het nie die son en die maan nodig om hom te verlig nie, want die heerlikheid van God het hom verlig, en die Lam is sy lamp. Die nasies sal in die stad se lig lewe, en die konings van die aarde bring hulle skatte daarheen. Die poorte daarvan word gedurende die hele dag nooit toegesluit nie: daar sal nie meer nag wees nie. Die mense sal die skatte en die rykdom van die nasies daarheen bring. Niks onreins en niemand wat iets losbandigs en vals doen, sal ooit daarin kom nie, maar net dié wie se name in die boek van die lewe, die boek van die Lam geskrywe staan."*
> - Die Openbaring 21:22-27 -

Die apostel Johannes, aan wie die Heilige Gees Nuwe Jerusalem gewys het, het die skouspel in volle besonderhede opgeteken, terwyl hy vanaf 'n hoë berg daarna afgekyk het. Johannes het daarna gesmag om Nuwe Jerusalem van binne te sien, en nadat hy uiteindelik die Stad se binneafwerking gesien het, wat so 'n pragtige skouspel is, het dit hom in 'n verruklike toestand geplaas.

Indien ons die kwalifikasies het, om Nuwe Jerusalem te kan ingaan, en ons voor die hek staan, sal ons in staat wees om die boogvormige pêrelhek te sien open. Dit is op sigself te groot vir ons om die einde daarvan te kan sien.

Op daardie oomblik, sal die onbeskryfbare pragtige ligte van die Stad Nuwe Jerusalem voorkom, en ons liggame omring. In 'n oomblik voel ons God se groot liefde, en kan nie die trane wat afrol, beheer nie.

Met die oorvloed liefde van God die Vader, wie ons beskerm het met Sy gloeiende oë, die genade van die Here, wie ons deur Sy bloed aan die kruis vergewe het, en die liefde van die Heilige Gees, wie in ons harte woon en ons gelei het om in die waarheid te lewe, gee ons oneindige glorie en eer.

Laat ons nou die besonderhede van die Stad Nuwe Jerusalem ondersoek, soos deur die apostel Johannes saamgestel.

1. Geen Behoefte aan Sonskyn of Maanlig nie

Die apostel Johannes, het terwyl hy na die toneel van Nuwe Jerusalem, wat met God se glorie gevul was, se binnekant gekyk het, soos volg getuig:

Die stad het nie die son en die maan nodig om hom te verlig nie, want die heerlikheid van God het hom verlig, en die Lam is sy lamp (Die Openbaring 21:23).

Nuwe Jerusalem is met God se glorie gevul, aangesien God Homself daar woon en oor die Stad regeer, en daarin is die kruin van die geestelike koninkryk, waar God Homself na die Drie-eenheid, vir die menslike ontwikkeling gevorm het.

God se glorie skyn op Nuwe Jerusalem

Die rede waarom God die son en die maan vir die aarde gemaak het, is vir ons om tussen goed en kwaad, en die gees en vlees te kan onderskei, deur middel van die lig en duisternis sodat as ware kinders van God kan lewe. Hy weet alles omtrent gees en vlees, en goed en kwaad, maar mense kan nie hierdie dinge sonder die menslike ontwikkeling besef nie, omdat hulle eenvoudige skepsele is.

Toe Adam, die eerste mens in die Tuin van Eden was, voor die begin van die menslike ontwikkeling, kon hy nooit die kennis omtrent kwaad, dood, duisternis, armoede of siektes opdoen nie. Dit is waarom hy nie die ware betekenis en blydskap van die lewe kon begryp nie of dankbaar teenoor God, wie vir hom alles gegee het, kon wees nie. Alhoewel hy alles in die lewe in oorvloed gehad het.

Vir Adam om ware vreugde te ken, het hy nodig gehad om trane te stort, te treur, en weens pyn en siektes te ly en ook die dood te ervaar, omdat dit die proses van die menslike ontwikkeling is. Verwys asseblief na Die Boodskap van die Kruis vir meer besonderhede.

Uiteindelik, het Adam die sonde van ongehoorsaamheid

gepleeg, deur van die boom van die kennis van goed en kwaad te eet, en is na die aarde uitgedrywe, om die relatiwiteit te kom ervaar. Eers daarna het hy besef, hoe oorvloedig, gelukkig en pragtig sy lewe in die Tuin van Eden was, en het hy uit sy opregte hart aan God sy dank betuig.

Sy afstammelinge het ook gekom om die lig van die duisternis, die gees van die vlees, en goed van die kwaad te onderskei deur die menslike ontwikkeling, terwyl hulle baie soorte beproewinge deurgemaak het. Daarom, wanneer ons eers die saligheid ontvang het en hemel toe gegaan het, sal die son en die maan wat ons vir die menslike ontwikkeling benodig, nie meer langer nodig wees nie.

Aangesien God Homself in die Stad Nuwe Jerusalem woon, is daar geensins duisternis nie. Verder, die lig van God se glorie skyn grotendeels in Nuwe Jerusalem; heeltemal natuurlik, die Stad benodig nie die son of die maan, of enige lampe of ligte om daarop te skyn nie.

Die Lam wie die lamp van Nuwe Jerusalem is

Johannes kon nie enigiets vind wat lig, soos die son of maan uitstraal nie, ook geensins gloeilampe nie. Dit is omdat Jesus Christus, wie die Lam is, die lamp in die Stad Nuwe Jerusalem geword het.

Aangesien die eerste mens, Adam die sonde van ongehoorsaamheid gepleeg het, moes die menslike geslag die pad van die dood gaan (Romeine 6:23). Die God van liefde het vir Jesus na die aarde gestuur, om die probleem van die sonde op te los. Jesus, die Seun van God wie in vlees na die aarde gekom het, het ons van die sondes gereinig deur Sy bloed te stort, en het die eerste gevolg van die opstanding geword, deur die krag van die dood te breek.

As gevolg daarvan, almal hulle wie Jesus as hulle persoonlike Saligmaker aangeneem het, ontvang die lewe en kan aan die opstanding deelneem, en die ewige lewe in die hemel geniet, asook antwoorde op hul gebede ontvang, wat hulle ookal op die aarde vra. Verder, God se kinders kan nou die lig van die wêreld word, deur self in die lig te lewe, en sodoende deur Jesus Christus aan God glorie te bring. Met ander woorde, op die wyse wat 'n lamp lig kan uitstraal, kan die lig van God se glorie helderder deur Jesus, die Saligmaker skyn.

2. Die Verrukking van Nuwe Jerusalem

Wanneer ons die Stad Nuwe Jerusalem vanaf 'n afstand bekyk, kan ons pragtige geboue, gemaak van baie verskillende soorte kosbare edelstene en goud, deur die wolke van glorie sien. Die hele Stad vertoon lewendig, met die mengsel van baie soorte ligte: die ligte straal uit, vanaf die huise wat van kosbare edelstene gemaak is; die lig van God se glorie; en die ligte wat helder en blouerige kleure uitstraal, vanaf die mure wat van jaspis en suiwer goud gemaak is.

Hoe kan ons moontlik die aandoening en opgewondenheid beskryf, om Nuwe Jerusalem in te gaan? Die Stad is so pragtig, verhewe, verrukklik en ondenkbaar. In die middel van die Stad is God se troon, die oorsprong van die Rivier met die Water van die Lewe. Rondom God se troon is die huise van Elisa, Henog, Abraham en Moses, Maria Magdalena en die Maagd Maria, almal vir wie God baie, baie liefgehad het.

Die kasteel van die Here

Die kasteel van die Here is geleë, regs onderkant God se troon, waar God tydens aanbiddingsdienste of feesmale in die Stad Nuwe Jerusalem woon. In die Here se kasteel is daar in die middel 'n groot gebou met 'n goue dak, dit word deur eindeloos baie soorte geboue omring. Vernaamlik, daar is baie kruise van glorie, omring deur helder ligte oor die goue, koepelvormige dakke. Dit herinner ons aan die feit dat ons die saligheid ontvang het, en die hemel bereik het, omdat Jesus aan die kruis vir ons gesterwe het.

Die groot gebou in die middel is 'n sirkelvormige struktuur, maar aangesien dit met baie sierlike en kunstige juwele versier is, straal daar pragtige ligte vanaf elke juweel uit, om die effek van die reënboogkleure weer te gee. Indien ons die Here se kasteel met enige mensgemaakte gebou op die aarde wil vergelyk, is die een wat die naaste so lyk, die St. Basil's Katedraal in Moskou, Rusland. Nietemin, die styl, materiale en grootte kan moontlik nie met die pragtigste gebou wat ooit op die aarde ontwerp en gebou is, vergelyk word nie.

Behalwe hierdie gebou in die middel, is daar baie geboue in die Here se kasteel. God, die Vader Homself, voorsien hierdie geboue sodat hulle wie 'n intieme geestelike verhouding het, daar saam met hulle geliefdes kan woon. Met die kasteel van die Here sigbaar, is die twaalf dissipels se huise lynreguit bymekaar. Aan die voorkant is die huise van Petrus, Johannes en Jakobus, terwyl die ander dissipels se huise agter dit is. Wat spesiaal is, is dat daar ruimtes geskep is vir Maria Magdalena en die Maagd Maria om in die Here se kasteel te woon. Natuurlik, hierdie plekke is vir die twee vroue se tydelike verblyf, wanneer die Here hulle uitnooi, en hulle eintlike kasteelagtige woonplekke is naby God se troon geleë.

Die kasteel van die Heilige Gees

Links, onderkant God se troon is die Heilige Gees se kasteel geleë. Hierdie ontsaglike kasteel verteenwoordig nederigheid en sagtheid, moederlike karaktereienskappe van die Heilige Gees, met baie ooreenstemmende geboue van verskillende groottes.

Die dak van die grootste gebou in die middel van die kasteel is soos een groot stuk karneool, wat hartstogtelike liefde verteenwoordig. Rondom hierdie gebou vloei die Rivier met die Water van die Lewe, wat sy oorsprong by die troon van God en die kasteel van die Here het.

Al die kastele in Nuwe Jerusalem is ondenkbaar groot en pragtig, maar die kastele van die Here en die Heilige Gees is spesiaal ondenkbaar pragtig. Hulle grootte is amper die van 'n stad, en is volgens 'n spesiale styl gebou. Dit is omdat, anders as die ander huise wat deur die engele gebou is, hulle is deur God die Vader, Homself gebou. Verder, net soos die kasteel van die Here, word die huise van hulle wie met die Heilige Gees verenig, en God se koninkryk ten uitvoer bring, in die era van die Heilige Gees, pragtig rondom die kasteel van die Heilige Gees gebou.

Die Groot Heiligdom

Daar is baie geboue onder konstruksie, rondom die kasteel van die Heilige Gees, waarvan een spesifiek 'n pragtige groot gebou is. Dit het 'n ronde dak en twaalf hoë pilare, terwyl daar twaalf groot hekke tussen die pilare is. Dit is die Groot Heiligdom, wat soos die Stad Nuwe Jerusalem gemaak is.

Nietemin, Johannes sê in Die Openbaring 21:22, "'n Tempel het ek nie in die stad gesien nie, want sy tempel is die Here God, die Almagtige, en die Lam." Waarom kon Johannes nie 'n tempel sien nie? Mense dink gewoonlik dat God 'n plek benodig om in te woon, d.i. in 'n tempel op die wyse wat ons 'n woonplek benodig. Daarom, op die aarde, aanbid ons Hom in heiligdomme waar God se Woord verkondig word.

Soos in Johannes 1:1 verklaar, "In die begin was die Woord daar, en die Woord was by God, en die Woord was self God," waar die Woord is, daar is God; waar ookal die Woord in 'n heiligdom verkondig word. Nietemin, God Homself woon in die Stad Nuwe Jerusalem. God, wie self die Woord is, en die Here wie een met God is, woon in die Stad Nuwe Jerusalem, dus is geen ander tempel nodig nie. Dus, deur middel van die apostel Johannes laat God ons verstaan, dat geen tempel nodig is nie, aangesien God en die Here in Nuwe Jerusalem die tempel is.

Dan, laat dit ons wonder, waarom word 'n Groot Heiligdom wat nie gedurende die apostel Johannes se tyd teenwoordig was nie, vandag gebou? Soos in Handelinge 17:24 gevind, "God wat die wêreld met alles wat daarin is, gemaak het, Hý is die Here van hemel en aarde, en Hy woon nie in tempels wat deur mense gemaak is nie," God woon nie in 'n besondere tempelgebou nie.

Eweneens, alhoewel God se troon in die hemel is, wil Hy steeds die Groot Heiligdom, wat Sy glorie verteenwoordig, bou; die Groot Heiligdom word 'n massiewe bewys, waardeur God se krag en glorie regoor die wêreld vertoon kan word.

Vandag, is daar baie groot en pragtige geboue op die aarde. Mense belê groot bedrae geld, en bou pragtige strukture vir hulle eie glorie en ooreenkomstig hulle eie begeertes, maar niemand doen dieselfde vir God, wie waarlik die verheerliking waardig is nie. Daarom, God wil die pragtige en verhewe Groot Heiligdom deur Sy kinders bou, hulle wie die Heilige Gees ontvang het en heilig geword het. Hy, wil dan, behoorlik deur die mense van alle nasie, hierdeur verheerlik word (1 Kronieke 22:6-16).

Insgelyks, wanneer die pragtige Groot Heiligdom gebou is, soos God dit wil hê, sal al die mense van alle nasies God verheerlik, en hulleself voorberei as bruide van die Here, om Hom te ontvang. Dit is waarom God die Groot Heiligdom voorberei het, as 'n sentrum vir evangeliebediening, om ontelbare mense op die weg na die saligheid te lei, en om hulle by die eindtyd na Nuwe Jerusalem te lei. Indien ons hierdie voorsienigheid van God besef, die Groot Heiligdom bou, en God verheerlik, sal Hy ons dienooreenkomstig volgens ons dade vergoed, en dieselfde Groot Heiligdom in die Stad Nuwe Jerusalem bou.

Dus, wanneer ons na die Groot Heiligdom kyk, wat van juwele en goud gemaak is en wat nie met enige aardse materiale vergelyk kan word nie, sal hulle wie die hemel ingaan, ewigdurend dankbaar wees teenoor God se liefde, wat ons op die weg van glorie en seëninge deur die menslike ontwikkeling gelei het.

Hemelse huise met juwele en goud versier

Rondom die kasteel van die Heilige Gees is daar huise wat met baie soorte kosbare edelstene versier is, terwyl daar ook nog baie huise is wat onder konstruksie is. Ons kan baie engele sien wat besig is om te werk, hulle plaas pragtige juwele hier en daar of is besig om die bouterreine van die huise op te ruim. Op hierdie wyse, gee God toekennings aan elke individu se dade, en word elkeen in sy of haar huis geplaas.

God het eendag vir my die huise van twee baie gelowige werkers van hierdie kerk gewys. Een van hulle was 'n bron van groot krag vir die kerk, deur dag en nag vir die koninkryk van God te bid, en haar huis is met die aroma van gebed en volharding gebou, en dit is vanaf die ingang met glinsterende juwele versier.

Ook, om haar lieflike karaktereienskappe te akkommodeer, is daar 'n tafel in die hoek van die tuin geplaas, waarby sy en haar geliefdes saam tee kan geniet. Daar is baie soorte klein blomme van verskillende kleure op die grasvlakte. Hierdie beskryf slegs die ingang en die tuin van die persoon se huis. Kan jy jou voorstel, hoeveel mooier die hoofgebou moet wees?

Die ander huis wat God vir my gewys het, behoort aan 'n werker wie haarself aan letterkundige evangeliesasie op die aarde toegewy het. Ek kon een vertrek, van die baie in die hoofgebou, sien. Daar is 'n lessenaar, 'n stoel en 'n kandelaar, alles van goud gemaak, asook baie boeke in die vertrek. Dit is die beloning en gedagtenis aan haar werk, om God deur letterkundige evangelisasie te verheerlik, en omdat God weet dat sy lees baie geniet.

Eweeens, God kry nie alleenlik ons hemelse huise gereed nie, maar gee ook vir ons sulke pragtige dinge wat ons nie eers kan voorstel nie, om ons sodoende te vergoed omdat ons die wêreldse plesier op die aarde verwerp en opgegee het, om ons heeltemal te kan toewy, om God se koninkryk ten uitvoer te bring.

3. Ewigdurend met die Here Ons Bruidegom

In die stad Nuwe Jerusalem word baie soorte feesmale, insluitend die een wat deur God die Vader aangebied word, voortdurend gehou. Dit is omdat hulle wie in Nuwe Jerusalem woon, kan broers en susters wie in ander woonplekke in die hemel woon, daarnheen uitnooi.

Hoe heerlik en sorgeloos moet dit wees, indien jy in Nuwe Jerusalem kan woon, en deur die Here uitgenooi word, om liefde met Hom te deel en die aangename feesmale te kan bywoon!

Hartlike verwelkoming by die Here se kasteel

Wanneer mense in Nuwe Jerusalem deur die Here, hulle bruidegom, uitgenooi word, verfraai hulle hulself as die mooiste bruide, en met vrolike harte sal hulle by die Here se kasteel byeenkom. Wanneer hierdie bruide van die Here by Sy kasteel aankom, sal twee engele aan weerskante van die glansende hek hulle beleefd verwelkom. Teen daardie tyd, sal die geurigheid vanaf die mure wat met baie juwele en blomme versier is, hulle liggame omring, om tot hulle vreugde by te dra.

By die ingang van die hoofhek, is die geluid van lofsange wat die binneste deel van die siel aanraak, saggies hoorbaar. Dan, met die aanhoor van hierdie geluide, sal vrede, blydskap en dankbaarheid vir God se liefde hulle harte oorvloei, omdat hulle weet dat Hy hulle daarheen gelei het.

Terwyl hulle op die goue pad, so helder soos glas loop na die hoofgebou toe, word hulle deur engele begelei, en gaan verby baie pragtige geboue en tuine. Totdat hulle die hoofgebou bereik, klop hulle harte vinniger, in die hoop om die Here te ontmoet. Met die nadering van die hoofgebou, kan hulle die Here Homself sien, wat wag om hulle te ontvang. Trane versper hulle sig, maar hulle hardloop na die Here toe, met die dringende begeerte, om Hom selfs 'n sekonde gouer te kan sien. Die Here wag vir hulle met Sy arms wydoop, en met Sy gesig vol liefde en nederigheid, en elkeen van hulle word deur Hom omhels.

Die Here sê vir hulle, "Kom, My pragtige bruide! Julle is baie welkom!" Diegene wie uitgenooi is, bely hulle liefde in Sy boesem, en sê, "Ek is uit die diepte van my hart dankbaar, dat U my uitgenooi het!" Dan, stap hulle hand aan hand hiernatoe en daarnatoe, saam met die Here, net soos paartjies wat mekaar innig lief het, en voer lieflike gesprekke waarna hulle uitgesien het, sedert hulle tyd op die aarde. Aan die regterkant van die hoofgebou is 'n groot meer, en die Here vertel breedvoerig van Sy gevoelens en omstandighede van die tyd, gedurende Sy evangeliebediening op die aarde.

By die meer gedagtig aan die See van Galilea

Waarom herinner hierdie meer hulle aan die See van Galilea? God het hierdie meer gemaak gedagtig daaraan, omdat die Here Sy evangeliebediening daar begin het, en die meeste van dit rondom die See van Galilea gedoen het (Matteus 4:23). Jesaja 9:1 lees, "Maar in die land waar daar duisternis is, sal daar nie langer donkerte wees nie; in die verlede het die Here die gebiede Sebulon en Naftali verneder, maar in die toekoms sal Hy die pad na die see van Galilea toe, die Jordaanstreek en die gebied van die heidene in ere herstel." Dit was voorspel dat die Here Sy evangeliebediening by die See van Galilea sou begin, en daardie voorspelling was vervul.

Baie visse wat verskillende ligkleure uitstraal, swem in hierdie groot meer. In Johannes 21, het die opgewekte Here aan Petrus, wie nie enige vis gevang het nie, verskyn en vir hom gesê, "Gooi die net aan die regterkant van die skuit uit, dan sal julle iets kry" (v. 6), en nadat Petrus ingewillig het, het hy 153 visse gevang. In die meer van die Here se kasteel is ook 153 visse, en dit is ook gedagtig aan die Here se evangeliebediening. Wanneer hierdie visse uit die water in die lug spring en aanbiddelike kunsies uitvoer, verander hulle kleure op baie maniere, en dra by tot die genooides se vreugde en plesier.

Die Here loop op die meer, net soos wat Hy op die See van Galilea op die aarde gedoen het. Dan, hulle wie uitgenooi is, sal rondom die meer in blydskap staan, en daarna uitsien om die Here te hoor praat. Hy verduidelik breedvoerig die situasie toe Hy op die See van Galilea, op die aarde, geloop het. Dan, Petrus, wie vir 'n oomblik op die water op die aarde kon loop, deur teenoor God se Woord gehoorsaam te wees, sal jammer voel omdat hy in die water weggesak het, aangesien hy kleingelowig was (Matteus 14:28-32).

'n Museum ter ere aan die Here se evangeliebediening

Gedurende die besoeke van verskillende terreine saam met die Here, dink die mense terug aan die tye van hulle ontwikkeling op die aarde, en is oorweldig deur die liefde van die Vader en die Here, wie die hemel voorberei het. Hulle bereik 'n museum aan die linkerkant van die hoofgebou in die Here se kasteel. God die Vader het die museum Homself gebou, gedagtig aan die Here se evangeliebediening op die aarde, sodat die mense die werklikheid daarvan kan sien en voel. Byvoorbeeld, die plek waar Jesus deur Pontius Pilatus beoordeel was, en die Via Dolorosa waar hy die kruis na Golgota gedra het, is tot hulle oorspronklike voorkoms herbou. Wanneer mense hierdie plekke sien, verduidelik die Here die situasies, op daardie stadium breedvoerig.

'n Klein rukkie gelede, deur die Heilige Gees se inspirasie, het ek geleer aangaande wat die Here op daardie tydstip bely het, en ek wil graag sekere gedeeltes met jou deel. Dit is 'n innige belydenis deur die Here, wie na die aarde gekom het, nadat Hy al die glorie in die hemel verlaat het. Hy het dit gemaak, terwyl Hy na Golgota met die kruis gestap het.

HEMEL II

Vader! My Vader!
My Vader, wie in die lig volmaak is,
U is waarlik vir alles lief!
Die grond waarop ek geloop het
vir die eerste keer saam met U,
en die mense,
aangesien hulle geskep was,
het nou so baie korrup geword...

Nou besef Ek
Waarom U my hierheen gestuur het,
Waarom U my laat ly het met hierdie beproewinge
Komende vanaf die korrupte harte van mense,
en waarom U my hiernatoe laat afkom het
vanaf die heerlike plek in die hemel!
Nou kan Ek al hierdie dinge
voel en besef
uit die diepte van My hart.

Maar Vader!
Ek weet dat U alles sal herstel
deur U regverdigheid en verborge geheime.
Vader!
Al hierdie dinge is oombliklik.
Maar as gevolg van die glorie
U wil My offer,
En die weg van die lig
wat U vir hierdie mense baan,
Vader,
Ek neem hierdie kruis op met hoop en vreugde.

Vader, Ek is in staat om hierdie weg te gaan
omdat Ek glo
U wil hierdie weg en lig baan
met U toestemming en in U liefde,
en U sal U Seun met die pragtige ligte laat straal
wanneer al hierdie dinge verby is
oor 'n kort rukkie.

Vader!
Die grond waarop Ek gewoonlik loop, is van goud gemaak,
Die paaie waarop Ek gewoonlik loop is ook van goud,
die geure van die blomme wat Ek gewoonlik ruik
kan nie vergelyk word
met dié van die aarde nie,
die materiale van die klere
wat Ek gewoonlik dra
is so verskillend van hierdie,
en die plek waar ek gewoonlik woon
is so 'n heerlike plek.
En Ek wil hê dat hierdie mense
moet die pragtige en vreedsame plek ken.

Vader,
Ek besef elke bietjie van U voorsienigheid.
Waarom U aan My geboorte geskenk het,
Waarom U vir My hierdie taak gegee het,
En waarom U vir My hierheen laat afkom het
om op die korrupte land te loop,
en om die gedagtes van die korrupte mense te bepaal.
Ek loof U Vader
Vir U liefde, grootheid,

HEMEL II

En alle dinge wat vlekkeloos is.

My liewe Vader!
Mense dink dat Ek Myself nie verdedig nie,
dat Ek aanspraak maak daarop om die koning van
die Jode te wees.
Maar Vader,
hoe kan hulle die herinneringe aangryp
wat uit My hart vloei,
die liefde vir die Vader wat van My hart vloei,
die liefde vir hierdie mense
wat uit My hart vloei?

Vader,
baie mense sal besef en verstaan
van die dinge wat later sal plaasvind
deur die Heilige Gees
U sal dit vir hulle as 'n geskenk gee
nadat Ek weg is.
As gevolg van hierdie oombliklike pyn,
Vader, moenie trane stort nie
En moenie U gesig van My wegdraai nie.
Moenie dat U hart met pyn gevul word nie,
Vader!

Vader, Ek is lief vir U!
Totdat Ek gekruisig word,
My bloed gestort het en My laaste asem uitgeblaas het,
Vader, dink Ek aan alles
En die harte van hierdie mense.

Vader, moenie jammer voel nie
maar word deur U Seun verheerlik,
en die voorsienigheid en al die Vader se planne
sal volkome voltooi word vir ewig en meer.

Die Here Jesus verduidelik wat het deur Sy gedagtes gegaan, terwyl Hy aan die kruis gehang het: die glorie van die hemel; Waar Hyself voor die Vader staan; die mense; die rede waarom die Vader vir Hom die taak gegee het, en so meer.

Hulle wie na die kasteel van die Here uitgenooi is, stort trane terwyl hulle na dit luister, en bring in trane aan die Here die dank, dat Hy die kruis namens hulle opgeneem het, en bely uit die diepte van hulle harte, "My Here, U is my ware Saligmaker!"

Gedagtig aan die Here se beproewinge, het God baie paaie in die Here se kasteel van juwele gemaak. Wanneer iemand op die paaie, gemaak en versier met baie juwele en kleure loop, word die ligte helderder en dit voel soos om op water te loop. Verder, ter herinnering daaraan, om aan die kruis te moes hang, om die mense van hulle sondes te verlos, het hulle God die Vader 'n houtkruis gemaak, waarop bloed gesmeer was. Daar is ook die stal van Bethlehem waarin die Here gebore was, en baie dinge om te sien en aan te raak, om sodoende die Here se evangeliebediening as 'n werklikheid te beleef. Wanneer mense hierdie terreine besoek, kan hulle duidelik van die Here se werke sien en hoor, sodat hulle die Here en die Vader se liefde dieper begryp, en aan hulle glorie en dank vir ewig en langer kan gee.

4. Die Glorie van Nuwe Jerusalem se Inwoners

Nuwe Jerusalem is die pragtigste plek in die hemel, toegeken aan diegene wie heiligmaking in hulle harte uitgevoer het, en getrou ten opsigte van al God se werksaamhede was. Die Openbaring 21:24-26 vertel vir ons watter soort mense die glorie ontvang, om Nuwe Jerusalem te kan ingaan:

Die nasies sal in die stad se lig lewe, en die konings van die aarde bring hulle skatte daarheen.Die poorte daarvan word gedurende die hele dag nooit toegesluit nie: daar sal nie meer nag wees nie. Die mense sal die skatte en die rykdom van die nasies daarheen bring.

Die nasies sal in die stad se lig lewe

"Nasies" verwys hier na alle mense wie gered is, ongeag van hulle etniese agtergronde. Alhoewel mense se burgerskap, ras en ander bykomstighhede van persoon tot persoon kan verskil, eenmaal wanneer hulle deur Jesus Christus gered is, word hulle almal God se kinders met burgerskap van die hemelse koninkryk.

Daarom, die sinsnede "nasies sal in die stad se lig lewe" beteken al God se kinders sal in die lig van God se glorie lewe. Nietemin, nie al God se kinders sal die glorie hê, om die Stad Nuwe Jerusalem vrylik te kan ingaan nie. Dit is omdat hulle wie in Die Paradys, die Eerste, Tweede en Derde Koninkryk van die Hemel woon, Nuwe Jerusalem slegs op 'n uitnodiging-grondslag alleenlik kan ingaan. Slegs hulle wie volkome heilig is en getrou ten opsigte van al God se werksaamhede was, kan die eer hê om God die Vader van aangesig tot aangesig, vir ewig in Nuwe Jerusalem te sien.

Die konings van die aarde sal hulle glorie bring

Die sinsnede "die konings van die aarde" verwys na hulle, wie eens die geestelike leiers op die aarde was. Hulle blink soos die twaalf juwele van die twaalf fondamente, van Nuwe Jerusalem se mure en het die kwalifikasies om ewigdurend in die stad te woon. Net so, hulle wie deur God erken word, wanneer hulle voor Hom staan, sal saam met hulle offerandes bring, wat hulle uit die goedheid van hulle harte voorberei het. Met "offerandes" bedoel ek enigiets waarmee hulle glorie aan God uit hulle harte kan gee, wat so suiwer en helder soos kristal is.

Daarom, "die konings van die aarde sal hulle glorie saambring" beteken dat hulle al die dinge wat hulle met moeite vir God se koninkryk as offerandes voorberei het, en aan Hom glorie gee, sal saambring wanneer hulle Nuwe Jerusalem ingaan.

Konings van die aarde gee offerandes aan die konings van groter en sterker nasies om by hulle te flikflooi, maar die offerandes aan God word uit dankbaarheid gegee, omdat Hy hulle op die weg na saligheid en die ewige lewe gelei het. God ontvang hierdie offerande met blydskap, en vereer hulle sodat hulle vir ewig in die Stad Nuwe Jerusalem kan woon.

In Nuwe Jerusalem is daar geen duisternis nie, omdat God, wie Homself die lig is, daar woon. Aangesien daar geen nag, kwaad, dood of diefstal is nie, is dit nie nodig om Nuwe Jerusalem se hekke te sluit nie. Nogtans, die rede waarom die Skrifgedeeltes sê "dag" is omdat ons slegs 'n beperkte kennis en vermoë het, om die hemel volkome te verstaan.

Bring die glorie en die eer van die nasies

Dus, wat beteken die sinsnede "hulle sal die glorie en die eer van die nasies daarheen bring"? "Hulle" verwys hier na diegene wie saligheid ontvang het op die aarde, en "hulle sal die glorie en eer van die nasies daarheen bring" beteken dat hierdie mense sal Nuwe Jerusalem inkom, met die dinge waarmee hulle aan God glorie gegee het, terwyl hulle Jesus Christus se geur op die aarde vrygestel het.

Wanneer 'n kind hard studeer en sy gradering verbeter, sal hy by sy ouers daaroor spog. Die ouers sal saam met hom bly wees, omdat hulle trots sal wees oor hulle kind se harde werk, selfs al het hy nie die beste punte behaal nie. Op dieselfde wyse, tot die mate wat ons met geloof vir die koninkryk van God op die aarde handel, stel ons Jesus Christus se geur vry en bring glorie na God, wat Hy met vreugde ontvang.

Dit is bo gemeld dat "die konings van die aarde sal hulle glorie daarheen bring," en die rede waarom dit lees "konings van die aarde" is eerstens om die geestelike rangorde waarvolgens mense voor God kom, te toon.

Hulle wie gekwalifiseerd is om vir ewig in Nuwe Jerusalem te woon, met die glorie soos die son sal voor God gaan, gevolg deur hulle wie gered is, van alle nasies met betreklike glorie. Ons moet besef dat indien ons nie die kwalifikasies het om vir ewig in Nuwe Jerusalem te woon nie, kan ons die Stad slegs per geleentheid besoek.

Hulle wie Nuwe Jerusalem nooit kan ingaan nie

Die God van liefde wil hê dat almal moet die saligheid ontvang, en vergoed elkeen met 'n woonplek en hemelse pryse ooreenkomstig sy of haar dade. Dit is waarom hulle wie nie die kwalifikasies het, om Nuwe Jerusalem te kan ingaan nie, sal ooreenkomstig hulle mate van geloof die Derde, Tweede of Eerste Koninkryk van die Hemel of Die Paradys ingaan. God hou spesiale feesmale en nooi hulle uit na Nuwe Jerusalem, sodat hulle ook die heerlikheid van die Stad kan geniet.

Nietemin, kan jy sien dat daar sekere mense is wie nooit Nuwe Jerusalem kan ingaan nie, selfs indien God hulle genadig is. Naamlik, hulle wie nie die saligheid ontvang nie, kan nooit die glorie van Nuwe Jerusalem sien nie.

Niks onreins en niemand wat iets losbandigs en vals doen, sal ooit daarin kom nie, maar net dié wie se name in die boek van die lewe, die boek van die Lam geskrywe staan (Die Openbaring 21:27).

"Onrein" verwys hier daarna, om ander te oordeel en te veroordeel, klaend op soek na iemand se eie belange en voordele. Hierdie soort persoon neem die rol van 'n regter oor, en veroordeel ander volgens sy eie wil, in plaas daarvan om hulle te probeer verstaan. "Afskuwelikheid" verwys hier na alle dade, wat afkomstig is van die verfoeilike hart op 'n besluitelose wyse. Aangesien sulke mense wispelturige en veranderlike harte en gedagtes het, toon hulle slegs dankbaarheid wanneer hulle antwoorde op hulle gebede ontvang, maar kla en weeklag spoedig, indien hulle beproewinge moet trotseer. Net so, diegene met skandelike harte bedrieg hulle gewete, en huiwer nie om hulle gedagtes te verander, in najaging van hulle eie belange nie.

'n "Leuenagtige" persoon is iemand wie homself en sy gewete bedrieg, en ons moet weet dat hierdie soort misleiding, 'n lokval van Satan word. Daar is sommige leuenaars wie uit gewoonte leuens vertel, en sommige ander wie 'n leuen tot voordeel van ander vertel, maar God wil hê dat ons selfs hierdie soort leuens moet verwerp. Daar is sommige mense wie ander benadeel, deur vals verklarings af te lê, en hierdie soort persoon wie ander bedrieg met 'n kwaadwillige bedoeling, sal nie gered word nie.

Verder, hulle wie die Heilige Gees en in God se werksaamhede bedrieg, word ook as "leuenagtig" gereken. Judas Iskariot, een van Jesus se twaalf dissipels, was in beheer van die geldsak en het aangehou om in God se werksaamhede te bedrieg, deur van die skatkis te steel, en ander sondes te pleeg. Toe Satan uiteindelik tot hom deurgedring het, het hy Jesus vir dertig silwerstukke verkoop, en was hy ewiglik verwerp.

Daar is sommige mense wie gesien het dat die siekes genees word, en bose geeste deur die Heilige Gees met die krag van God uitgedrywe word, maar steeds hierdie werke ontken, en in plaas daarvan sê, dat dit die werke van Satan is. Hierdie mense kan nie die hemel ingaan nie, omdat hulle teenoor die Heilige Gees laster en kwaadpraat. Ons moet onder geen omstandighede, in God se oë 'n leuen vertel nie.

Hulle wie se name uit die Boek van die Lewe verwyder is

Wanneer ons deur geloof gered is, word ons name in die Boek van die Lewe en van die Lam aangeteken (Die Openbaring 3:5). Nogtans, dit beteken nie dat elkeen wie Jesus Christus aangeneem het, gered sal word nie. Ons kan eintlik slegs gered word, wanneer ons ooreenkomstig God se Woord handel, en aan God se hart gelyk word, deur ons harte te reinig. Indien ons steeds in onwaarheid handel, selfs nadat ons Jesus Christus aangeneem het, sal ons name uit die Boek van die Lewe verwyder word, en sal ons aan die einde nie eers die saligheid ontvang nie.

Aangaande dit, vertel Die Openbaring 22:14-15 ons dat, geseënd is dié wat hulle klere was, en diegene wie nie hulle klere was nie, sal nie gered word nie:

Geseënd is dié wat hulle klere was, sodat hulle reg kan hê op die boom van die lewe en deur die poorte in die stad kan ingaan. Buitekant is die dwaalleraars, die bedrieërs en die onsedelikes, die moordenaars, en die afgodsdienaars en almal wat valsheid liefhet en doen.

"Honde" verwys hier na diegene wie onwaarhede oor en oor herhaal. Hulle wie nie hulle sondige handelinge verwerp nie, maar aanhou om hulle sonde te herhaal, kan nie gered word nie. Hulle is soos 'n hond wat na sy braaksel teruggaan, en 'n sog nadat sy gewas is, weer na die gevroetel in die modder teruggaan. Dit is omdat dit blyk dat hulle, hul sondes verwerp het, maar hulle sondige maniere herhaal, en dit blyk dat hulle verbeter het, maar keer na die sonde terug.

Nietemin, God erken die geloof van diegene wie daarna strewe om goed te doen, selfs al kan hulle nog nie volkome volgens God se Woord handel nie. Hulle sal uiteindelik gered word, omdat hulle steeds verander en God hulle geloofspoging goed ag.

"Towenaars" verwys na "hulle wie towerkuns beoefen." Hulle handel afskuwelik, en maak van ander godsdiens valse gode. Dit is vir God baie, baie afskuwelik.

"Onsedelike persone" pleeg owerspel, selfs al het hy/sy 'n vrou of 'n man. Daar is nie net fisiese owerspel nie, maar ook geestelike owerspel, wat ontstaan indien jy iets meer liefhet, as vir God. Indien 'n persoon, wie die lewende God duidelik ervaar, en besef sy liefde neig steeds na wêreldse dinge, soos geld of sy familie, eerder as na God, dan pleeg hierdie persoon geestelike owerspel, wat nie in God se oë korrek is nie.

"Moordenaars" pleeg fisiese of geestelike moorde. Indien jy die geestelike betekenis van "moord" ken, sal jy heelwaarkynlik nie in staat wees om reguit te sê, dat jy niemand vermoor het nie. 'n Geestelike moord is om te veroorsaak, dat God se kinders sondig, en hulle geestelike lewe verloor (Matteus 18:7). Indien jy pyn aan ander veroorsaak, deur iets wat onwaar is, is dit ook geestelike moord (Matteus 5:21-22).

Ook, is dit ook geestelike moord om te haat, afgunstig en jaloers te wees, oordeel, veroordeel, argumenteer, kwaad te word, bedrieg, lieg, onenigheid en verdeeldheid te hê, te laster en sonder enige liefde en genade te wees (Galasiërs 5:19-21). Somtyds, egter, is daar sekere mense wie hulle vastrapplek, deur hulle eie sonde, verloor. Byvoorbeeld, indien hulle God verlaat, omdat hulle teleurgesteld is in iemand van die kerk, dan is dit as gevolg van hulle eie sonde. Indien hulle waarlik in God geglo het, sou hulle nooit hulle vastrapplek verloor het nie.

Ook, "afgodsdienaars" is een van die dinge wat God die meeste haat. Met afgod-aanbidding, is daar fisiese afgod-aanbidding en geestelike afgod-aanbidding. Fisiese afgod-aanbidding is om 'n vormlose god 'n afgodsbeeld te maak, en dit te aanbid (Jesaja 46:6-7). Geestelike afgod-aanbidding is enigiets, wat jy meer as vir God liefhet. Indien iemand hy of sy eggenoot/e of kinders liewer het as vir God, in najaging van hulle eie begeerte, of God se gebooie verbreek, deur liewer te wees vir geld, roem of kennis eerder as wat hy/sy vir God lief is, dan is dit geestelike afgod-aanbidding.

Hierdie soort mense, ongeag hoeveel keer hulle uitroep "Here, Here" en kerk bywoon, kan nie gered word nie, omdat hulle nie vir God liefhet nie.

Daarom, indien jy Jesus Christus aanneem, die Heilige Gees as 'n geskenk van God ontvang, en jou naam is in die Boek van die Lewe en van die Lam aangeteken, hou asseblief in gedagte dat jy die hemel kan ingaan, en na Nuwe Jeusalem beweeg, slegs indien jy volgens God se Woord handel.

Nuwe Jerusalem is die plek waar slegs diegene wie volkome in hulle harte heilig is, en getrou ten opsigte van al God se werksaamhede is, kan ingaan.

Aan die een kant, hulle wie Nuwe Jerusalem ingaan, kan God van aangesig tot aangesig ontmoet en lieflike gesprekke met die Here voer, en genot put uit die ondenkbare eer en glorie. Aan die ander kant, hulle wie in Die Paradys, die Eerste, Tweede of Derde Koninkryk van die Hemel woon, kan die Stad Nuwe Jerusalem alleenlik besoek, wanneer hulle na spesiale feesmale toe uitgenooi word, insluitende die wat deur God die Vader gehou word.

Hoofstuk 8

"Ek het die Heilige Stad, Nuwe Jerusalem Gesien"

1. Hemelse Huise van Ondenkbare Groottes
2. 'n Pragtige Kasteel met Volledige Privaatheid
3. Besienswaardighede van die Hemel

"Geseënd is julle wanneer die mense julle ter wille van My beledig en vervolg en valslik al wat sleg is van julle sê. Wees bly en verheug, want julle loon is groot in die hemel. Hulle het immers die profete voor julle net so vervolg."

- Matteus 5:11-12 -

In die Stad Nuwe Jerusalem, word hemelse huise gebou, sodat mense wie se harte volkome soos God se hart is, later daarin kan woon. Ooreenkomstig elke eienaar se voorkeure, word hulle deur aardsengels en engele in beheer van konstruksiewerk gebou, met die Here as toesighouer. Dit is 'n voorreg wat slegs hulle, wie Nuwe Jerusalem ingaan, kan geniet. Somtyds, gee God Homself 'n opdrag aan 'n aardsengel om 'n huis spesiaal vir 'n sekere persoon te bou, sodat dit presies volgens die eienaar se voorkeure gemaak kan word. Hy vergeet selfs nie een traandruppel wat Sy kinders vir Sy koninkryk gestort het nie, en hulle word met pragtige en kosbare edelstene beloon.

Soos gevind in Matteus 11:12, God sê duidelik vir ons, tot die mate waartoe ons die geestelike veldslae wen en in die geloof groei, kan ons 'n mooier plek in die hemel besit:

Sedert die dae van Johannes die Doper tot nou toe breek die koninkryk van die hemel vir homself 'n pad oop, en mense wat hulle kragtig inspan, kry dit in besit.

Die God van liefde, het ons vir baie jare oortuig, om na die hemel te gaan, deur die hemelse huise van Nuwe Jerusalem duidelik te vertoon. Dit is, omdat dit baie naby is vir die Here, wie gegaan het om vir ons plek voor te berei, om terug te kom.

1. Hemelse Huise van Ondenkbare Groottes

In Nuwe Jerusalem, is daar baie pragtige huise van ondenkbare groottes. Tussen hulle, is daar een pragtige en manjifieke huis op 'n groot oppervlakte gebou. In die middel is 'n ronde, groot en mooi drieverdieping kasteel, en rondom die kasteel is daar baie geboue en dinge om te geniet, soos kinderspeelgoed om op te ry, soos gevind in 'n vermaaklikheidspark, sodat die plek soos 'n wêreldberoemde toeriste aantreklikheid lyk. Wat regtig verbasend is, is dat hierdie stadsgelyke hemelse huis aan 'n ontwikkelde individu van die aarde behoort!

Geseënd is die sagmoediges, omdat hulle die aarde sal ontvang

Indien ons finansieël vermoënd op die aarde is, kan ons 'n groot stuk grond koop en 'n pragtige huis volgens ons voorkeure bou. Nietemin, in die hemel, kan ons nie grond koop of 'n huis bou, ongag hoe welvarend ons is, omdat God ons ooreenkomstig ons dade, met grond of huise beloon.

Matteus 5:5 sê, "Geseënd is die sagmoediges, want hulle sal die nuwe aarde ontvang." Afhangend, tot watter mate ons soos God se ewebeeld word, en geestelike nederigheid op die aarde uitvoer, kan ons in die hemel "die aarde ontvang." Dit is omdat iemand wie geestelik nederig is, alle mense kan omhels en hulle kan na hom toe kom, en rus en troos vind. Hy sal vrede met almal en enige situasie hê, aangesien sy hart week en sagmoedig soos vesel is.

Nogtans, indien ons met die wêreld skik en teen die waarheid gaan, om sodoende vrede met ander mense te bewerkstellig, dan is dit geensins geestelike nederigheid nie. Iemand wie waarlik nederig is, kan nie alleenlik baie mense met 'n sagte en warm hart omhels nie, maar is ook dapper en sterk genoeg om selfs sy lewe vir die waarheid te waag.

Hierdie soort persoon kan baie mense se harte wen en hulle op die weg na die saligheid lei, asook na 'n beter plek in die hemel, omdat hy/sy liefde en minsaamheid het. Dit is waarom hy/sy 'n pragtige huis in die hemel kan besit. Daarom, die huis soos beskryf hieronder, behoort aan 'n ware nederige persoon.

'n Stadsgelyke huis

In die middel van hierdie huis is 'n groot kasteel, wat met baie juwele en goud versier is. Die dak is van 'n ronde karneool gemaak en glinster baie helder. Rondom die glinsterende, helder kasteel vloei die Rivier met die Water van die Lewe, wat sy oorsprong by God se troon het, terwyl die baie geboue dit soos 'n wêreldstad laat lyk. Daar is ook 'n vermaaklikheidspark en speelgoedritte, wat met goud en baie juwele versier is.

Aan die een kant van die grond is daar woude, vlaktes en 'n groot meer, en aan die ander kant is daar uitgestrekte heuwels met baie soorte blomme en watervalle. Daar is ook 'n see waarop 'n groot skip, soos die Titanic, drywe en seil.

Nou, laat ons 'n toer deur hierdie glansryke huis onderneem. Daar is twaalf hekke elk by al vier kante, en laat ons deur die hoofhek ingaan, waarvandaan ons die hoofkasteel in die middel kan sien.

Hierdie hoofhek is met baie juwele versier, en word deur twee engele bewaak. Hulle is kragtig en lyk baie sterk. Hulle staan daar sonder om hulle oë te knipoog, en hulle duidelike waardigheid, maak dat dit voorkom asof hulle ongenaakbaar is.

Aan die ander kant van die hek is daar groot pragtige ronde pilare. Die mure wat met baie juwele en blomme versier is, lyk eindeloos. Met die ingaan by die hek, wat outomaties oopmaak, en begeleiding deur engele, kan jy op 'n afstand die groot kasteel met 'n rooi dak sien, wat pragtige ligte op jou laat neerskyn.

Deur ook na baie ander huise van verskillende groottes, wat met baie juwele versier is, te kyk, is dit onvermydelik om diep deur God se liefde aangeraak te word. Die God wie jou dertig, sestig, of eenhonderd keer beloon vir wat jy gedoen, en aangebied het. Jy is dankbaar daarvoor, dat Hy Sy enigste Seun gegee het, om jou op die weg na saligheid en die ewige lewe te lei. Bo alles, het Hy ook vir jou sulke pragtige hemelse huise voorberei, en jou hart sal oorloop van dankbaarheid en vreugde.

Ook, omdat 'n sagte, helder en pragtige geluid van lofprysing rondom die kasteel hoorbaar is, oorweldig 'n onuitspreeklike vrede en blydskap jou gees en jy sal vol emosie wees:

Ver weg in die dieptes van my gees vanaand
Weerklink 'n melodie aangenamer as 'n psalm;
Op 'n hemelse wysie soos 'n onophoudelike waterval
Oor my siel soos 'n grenslose kalmte.
Vrede! Vrede! Wonderlike vrede
Kom afwaarts vanaf die Vader daarbo!
Stryk oor my gees vir ewig, bid ek,
In bodemlose golwe van liefde.

Goue paaie so helder soos glas

Nou, laat ons na die groot kasteel in die middel gaan, al

lopende met die goue pad langs. By die hoofingang verwelkom goue bome en juwele, met smaaklike juweelvrugte, die besoekers aan weerskante van die pad. Die besoekers sal dan 'n vrug neem. Die vrugte smelt in die mond en is so heerlik, dat die hele liggaam energiek en vreugdevol raak.

Aan die een kant van die goue paaie, verwelkom blomme met verskillende kleure en groottes die besoekers met hulle geure. Agter dit, is daar grasvelde en baie soorte bome wat 'n pragtige tuin aanvul. Blomme met pragtige reënboogkleure lyk asof dit ligte uitstraal, en elke blom stel sy unieke geur vry. Op sommige van hierdie blomme, sit daar insekte soos skoenlappers met reënboogkleure, met mekaar en gesels. Aan die bome hang daar baie smaaklike vrugte, tussen die glinsterende takke en blare. Baie soorte voëls met goudkleurige vere sit in die bome en sing, om die toneel so vreedsaam en gelukkig te maak. Daar is ook 'n aantal diere wat daar rustig rondswerwe.

'n Wolkmotor en 'n goue wa

Nou staan jy by die tweede hek. Die huis is so groot daar 'n ander hek, binne die hoofhek is. Voor jou oë is 'n wye gebied wat soos 'n motorhuis lyk, waarin daar baie wolkmotors en 'n goue wa geparkeer is, en jy word oorweldig deur hierdie ongelowige toneel.

Die goue wa, versier met diamante en juwele, is vir die eienaar van die huis alleenlik. Wanneer die wa beweeg, glinster dit soos 'n verskietende ster, as gevolg van die baie glinsterende juwele, terwyl dit heelwat vinniger as die wolkmotor beweeg.

'n Wolkmotor het vier wiele en vlerke, en word deur suiwer

wit wolke en pragtige ligte met baie kleure omring. Die voertuig beweeg op sy wiele op die grond en wanneer dit vlieg, word die wiele outomaties teruggetrek en die die vlerke word uitgestrek, sodat dit vrylik kan beweeg en vlieg.

Hoe groot moet die vergunning en eer nie wees, om saam met die Here in 'n wolkmotor na verskillende plekke in die hemel te reis, terwyl die hemelse gasheer en engele jou begelei? Indien 'n wolkmotor gegee word aan elke persoon, wie Nuwe Jerusalem ingaan, kan jy jou voorstel hoeveel vergoeding die eienaar van hierdie huis ontvang het, aangesien daar talryk wolkmotors in sy motorhuis is?

'n Groot kasteel in die middel

Wanneer jy by die vername en pragtige kasteel in 'n wolkmotor aankom, kan jy 'n drieverdieping met 'n dak wat van karneool gemaak is, sien. Hierdie gebou is so ontsaglik groot, dat dit nie met enige gebou op die aarde vergelyk kan word nie. Dit wil voorkom asof die hele kasteel stadig roteer, wat ligte weerkaats, dat dit wil lyk asof die kasteel lewe. Suiwer goud en jaspis straal skitterende, deurskynende goue ligte met 'n blouerige kleur uit. Nogtans, is dit ondeursigtig en dit vertoon soos 'n beeld sonder gewrigte. Die mure en blomme rondom hierdie mure verskaf lieflike geure om tot die blydskap en vreugde by te dra, wat deur middel van woorde onbeskryfbaar is.

Wat, dan, is die spesifieke rede waarom God so 'n uitgestrekte stuk grond en vername, pragtige huis voorsien het? Dit is omdat God nooit iets miskyk of vergeet, wat Sy kinders vir Sy koninkryk gedoen het op die aarde nie, en hulle in regvergidheid

HEMEL II

oorvloediglik vergoed.

Ek verbly My meer en meer
in My geliefde een.
Hierdie een het My so baie liefgehad
Dat hy sy enigste gegee het.
Hy het My meer liefgehad as
Sy ouers en broers,
Hy het nie sy eie kinders gespaar nie,
En hy het sy lewe as nutteloos beskou
en het dit vir My opgeoffer.

Sy oë was altyd op My gefokus.
Hy het altyd aandagtig na My Woord geluister.
Hy het net My glorie gesoek.
Hy was net dankbaar
Selfs wanneer hy as gevolg van onregverdigheid gely het.
Selfs te midde van vervolgings,
het hy gebid vir
hulle wie hom vervolg het.
Hy het nooit enigiemand verlaat nie
selfs al het hy hom verraai.
Hy het sy pligte met vreugde uitgevoer
selfs wanneer hy ondraaglike smart beleef het.
    En hy het baie siele gered
en My wil volkome volbring,
volgens My hart.

Omdat hy My wil volbring het

En My so baie liefhet,
het Ek hierdie
indrukwekkende en glansryke huis
in Nuwe Jerusalem voorberei.

2. 'n Pragtige Kasteel met Volledige Privaatheid

Soos jy kan sien, God se aanraking is spesiaal sigbaar, aan die huise van hulle, vir wie God baie liefhet. Dus, daardie huise het 'n ander vlak van skoonheid en lig van glorie, in vergelyking met ander huise wat, selfs in Nuwe Jerusalem is.

'n Groot kasteel in die middel, is 'n plek waar die eienaar volledige privaatheid kan geniet. Dit is om hom vir sy werk en gebede in trane te vergoed, om God se koningkryk ten uitvoer te bring, en die feit dat hy dag en nag na die siele omgesien het, sonder om 'n privaat lewe te kon geniet het.

Die algemene struktuur bestaan uit die hoofgedeelte, wat die huis in die middel van die kasteel behels, terwyl die kasteel twee lae mure het. Daar is 'n bykomende muur by die middelste gedeelte, tussen die hoofdeel van die huis in die middel, en die buitenste muur. So, die hele kasteel is verdeel tussen die binneste en buitenste kasteel, wat strek vanaf die hoofdeel van die huis tot by die middelmuur, en vanaf die middelmuur tot by die buitenstemuur respektiewelik.

Daarom, om die hoofdeel van die huis van hierdie kasteel te bereik, moet ons verby die hoofhek en weer, verby 'n ander hek by die middelmuur beweeg. By die buitenstemuur is daar baie hekke, en die hek wat in lyn is met die hoofdeel van die huis, is die hoofhek. Die hoofhek is met verskeie edelstene versier, terwyl twee engele dit bewaak. Die twee engele het fors gesigte en lyk baie sterk. Hulle beweeg nie eers hulle oë terwyl hulle wagstaan nie, en hulle waardigheid kan aangevoel word.

Aan weerskante van die hoofhek is daar groot silindriese pilare. Die mure is met juwele en blomme versier, en die vertoon so lank, dat die end onsigbaar is. Begelei deur die engele gaan ons deur die hoofhek wat outomaties oopmaak, terwyl skerp en pragtige ligte op ons skyn. Daar is 'n goue pad wat soos glas uitgestrek, tot by die hoofhek lê.

Terwyl ons op die goue pad loop, word die tweede hek bereik. Hierdie hek is by die middelste muur geleë, wat die binneste van die buitenste kasteel skei. Nadat ons verby die tweede hek is, is daar plek soos 'n ontsaglike parkeerruimte op die aarde. Hier, is talryke wolkagtige motors geparkeer. Daar is ook die goue wa tussen die wolkmotors sigbaar.

Die hoofdeel van hierdie kasteel se huis, is groter as die grootste gebou op die aarde. Dit is 'n drieverdieping gebou. Elke vloer van die gebou is silindervormig, en die oppervlakte van elke vloer word kleiner, namate jy opwaarts beweeg. Die dak is soos 'n ui-vormige koepel.

Die mure van die huis se hoofdeel is, van suiwer goud en jaspis gemaak. So, die blouerige lig en die helder deurskynende goue lig, straal sulke pragtige ligte in harmonie uit. Die lig is so sterk dat, dit voel asof die huis self lewe en beweeg. Die hele gebou straal helder ligte uit, en dit lyk asof dit stadig draai.

Nou, laat ons hierdie groot kasteel ingaan!

Twaalf hekke om die hoofdeel van die kasteel se huis te kan ingaan

Die huis se hoofdeel het twaalf toegangshekke. Aangesien die grootte van die huis se hoofdeel so groot is, is die afstand van die een hek na die ander, baie ver. Die hekke is boogvormig, en elkeen bevat 'n gravering van 'n sleutelafbeelding. Onder die sleutelafbeelding is die naam van die hek in die hemelse alfabet ingeskrywe. Hierdie letters is met juwele ingeskrywe, en elke hek is respektiewelik met een soort juwele versier.

Onderaan elkeen is die verduidelikings waarom elke hek so genoem word. God die Vader het dit saamgevat, wat die eienaar van hierdie huis op die aarde gedoen het, en dit op die twaalf hekke weergegee.

Die eerste hek is die 'Hek van Saligheid.' Dit het 'n verduideliking aangaande, hoe hierdie eienaar 'n herder van so baie mense geword het, en ontelbare siele regoor die wêreld na saligheid gelei het. Langs die Hek van Saligheid is die 'Hek van Nuwe Jerusalem.' Onderaan die naam van die hek is die verduideliking, dat die eienaar so baie siele na Nuwe Jerusalem gelei het.

Volgende, is daar die 'Hekke van Krag.' Eerstens, is daar die vier hekke vir die vier kragvlakke, en dan, is daar die Hek van Krag van Skepping en die Hek van Allerhoogste Krag van Skepping. Op hierdie hekke is daar verduidelikings omtrent, hoe elke soort krag so baie mense genees het, en God verheerlik het.

Die negende is die 'Hek van Openbaring,' en hierdie hek het die verduideliking dat die eienaar so baie openbarings ontvang het, en die Bybel baie duidelik verduidelik het. Die tiende is die 'Hek van Prestasies.' Dit is om die prestasies, soos die oprigting van die Groot Heiligdom te herdenk.

Die elfde is die 'Hek van Gebed.' Hierdie hek vertel ons hoe die eienaar in sy lewe gebid het, vir die vervulling van God se wil en sy liefde vir God, en hoe hy oor die siele getreur het, en vir hulle gebid het.

Die twaalfde en laaste is 'n hek met die betekenis van 'Oorwinning teenoor die vyandige duiwel, Satan.' Dit het die verduideliking dat die eienaar alles met geloof en liefde oorkom het, toe die vyandige duiwel, Satan probeer het om hom skade aan te doen, en om hom in vertwyfeling te bring.

Spesiale inskripsies en ontwerpe op die mure

Die mure, van suiwer goud en jaspis gemaak, is vol ontwerpe met terugkaatsende geskrifte en tekeninge. Alle besonderhede omtrent die vervolgings en bespottings wat hy vir die koninkryk van God belewe het, asook die dade waarmee hy vir God verheerlik het, is aangeteken. Wat meer verbasend is, is dat God, Homself die geskrifte se inskripsies in digformaat gedoen het, en die letters pragtige en helder ligte uitstraal.

Indien jy die kasteel ingaan, nadat jy verby een van hierdie hekke gegaan het, sien jy voorwerpe wat baie mooier is as wat jy buitekant gesien het. Die ligte van die juwele oorvleuel mekaar twee of drie keer, om die voorkoms daarvan pragtiger te maak.

Inskripsies omtrent die eienaar se trane, strewe, en pogings op die aarde is op die binneste mure gegraveer, en dit straal sulke glinsterende ligte uit. Die tye van sy ernstige oornaggebede, vir God se koninkryk en die suiwer aroma om homself as 'n drankoffer vir die siele te gee, is alles in digformaat aangeteken, en dit stel sulke pragtige ligte vry.

Nogtans, God die Vader, het die meeste van die inskripsies se besonderhede versteek, sodat God Homself dit aan die eienaar kan toon, wanneer hy by hierdie plek opdaag. Dit is so dat God sy hart in besit mag neem, wat die Vader sal verheerlik, met diep emosie en trane wanneer hy daardie inskripsies aan hom wys, en vir hom sê, "Ek het dit vir jou voorberei."

Selfs in hierdie wêreld, wanneer ons vir iemand lief is, sal sommige mense herhaaldelik daardie persoon se naam neerskrywe. Hulle skryf die naam op 'n nota of in dagboeke, op die strand, of selfs kerf dit op bome uit of kap dit op 'n rots uit. Hulle weet nie hoe om hulle liefde uit te druk nie, dus hou hulle net aan om die persoon vir wie hulle liefhet, se naam neer te skrywe.

Op 'n soortgelyke manier, is daar 'n vierkantige goue plaat met net drie woorde daarop. Die drie woorde is: 'Vader', 'Here', en 'Ek.' Die eienaar van die huis, kon nie sy liefde vir die Vader en die Here in woorde uitdruk nie. Hierdeur wou hy sy gevoelens wys.

Byeenkomste en feesmale op die eerste vloer

Hierdie kasteel is die meeste van die tyd ontoeganklik vir ander, maar word per geleentheid vir feesmale en danse wat hier aangebied word, oopgestel. Daar is 'n baie groot saal waarin ontelbare mense kan vergader, en feesmale bywoon. Dit word ook gebruik vir 'n vergaderplek, waartydens die eienaar liefde en vreugde deel, en gesprekke met sy gaste voer.

Die saal is rond en so groot, dat jy nie van die een kant tot by die ander kant kan sien nie. Die vloer het 'n witagtige kleur en is baie glad. Dit bevat baie juwele en glinster skitterend. In die middel van die saal is daar 'n drie-vlak kandelaar, om tot die vertrek se waardigheid by te dra. Verder is daar nog meer goue kandelare van verskillende groottes, aan die kante van die mure, om tot die mooiheid van die saal by te dra. Daar is ook 'n ronde verhoog in die middel van die saal, en baie tafels is in baie lae, rondom die verhoog geplaas. Die uitgenooides neem hulle sitplekke daarvolgens in, en voer vriendelike gesprekke met mekaar.

Al die versierings binnekant die gebou is volgens die eienaar se voorkeure gemaak, en die ligte en vorms is so pragtig en delikaat. Elke juweel het God se aanraking daarin, en dit is so 'n groot eer om na die feesmaal uitgenooi te word, wat in die eienaar se huis gehou word.

Geheime kamers en ontvangsvertrekke op die tweede vloer

Op die tweede vloer van hierdie groot kasteel, is daar baie vertrekke en elke vertrek het 'n geheim, ten volle slegs in die hemel ontvou, wat God ooreenkomstig die eienaar se dade toegeken het. 'n Sekere vertrek het ontelbare verskillende soorte krone, soos 'n eiesoortige museum. Baie krone insluitende 'n goue kroon, 'n goudversierde kroon, 'n kristalkroon, 'n pêrelkroon, 'n blomversierde kroon, en baie ander krone wat met baie soorte juwele versier is, is daar netjies geplaas. Hierdie krone word toegeken, elke keer wanneer die eienaar God se koninkryk op die aarde ten uitvoer bring, en aan Hom glorie gee. Hulle grootes en vorme, die materiale en versierings is almal verskillend, om die verskil in eer te toon. Verder, is daar groot vertrekke wat dien as kabinette vir klere en om juweelornamente te beveilig, en dit word deur engele met spesiale sorg in stand gehou.

Daar is ook 'n netjiese vierkantige kamer sonder baie versierings genaamd, "Die Gebedskamer." Dit is so vernoem, omdat die eienaar op die aarde baie gebede gedoen het. Verder, is daar 'n vertrek met verskeie televisiestelle. Hierdie vertrek word genoem "Die Vertrek van Angs en Rou" en hierin kan die eienaar na enigiets van sy aardse lewe, te enige tyd kyk. God het elke oomblik en gebeurtenis van die eienaar se lewe bewaar, omdat hy geweldig gely het terwyl hy God se werk en evangeliebediening gedoen het, en namens die siele, baie trane gestort het.

Daar is ook 'n pragtige versierde plek op die tweede vloer om profete te ontvang, waarin die eienaar sy liefde kan deel en vriendelike gesprekke met hulle kan voer. Hy kan sulke profete soos Elia, wie met 'n strydwa en perde van vuur hemel toe is, Henog wie vir 300 jaar aan God se sy was, Abraham wie God met geloof verheerlik het, Moses wie die nederigste van almal op die aarde was, die ewige hartstogtelike apostel Paulus en die res ontmoet, en die gesprekke met hulle aangaande hulle lewens en omstandighede op die aarde.

Derde vloer gereserveer om liefde met die Here te deel

Die derde vloer van die groot kasteel is wonderlik versier, om die Here te ontvang en lieflike lang en moontlike gesprekke, met Hom te voer. Dit is gegee, omdat die eienaar die Here meer as enigiets liefhet, en probeer om Sy dade na te volg, deur die Vier Evangelies te lees, en almal op dieselfde wyse te dien en lief te hê, soos wat die Here Sy dissipels gedien het. Bowendien, het hy met so baie trane gebid, om ontelbare siele op die weg na die saligheid te lei, deur God se krag soos die Here te ontvang, en eintlik ontelbare bewyse van die lewende God te vertoon. Trane word gestort wanneer hy aan die Here dink, en baie nagte kan hy nie slaap, omdat hy die die Here waarlik mis. Ook, soos wat die Here heelnag deur gebid het, het die eienaar ook baie keer heelnag deur gebid, en se allerbeste probeer, om God se koninkryk volkome ten uitvoer te bring.

Hoe vreugdevol en gelukkig moes hy nie gewees het, om die Here van aangesig tot aangesig te ontmoet, en sy liefde met Hom in Nuwe Jerusalem te deel nie!

Ek kan my Here sien!
ek kan die lig van Sy oë
in my eie oë sien,
ek kan Sy sagte glimlag in my hart plaas,
en dit alles is sulke groot vregde vir my.

My Here,
hoeveel ek U liefhet!
U het alles gesien
en U weet alles.
Nou geniet ek groot vreugde
om in staat te wees om my liefde te bely.
Ek is so lief vir U, Here.
Ek mis U so baie.

Gesprekke met die Here sal nooit vervelig of vermoeiend wees nie.

God die Vader, wie hierdie liefde ontvang het, het die binneversiering, die ornamente, en die juwele so pragtig op die derde vloer van hierdie manjifieke huis behartig. Die noukeurigheid en die grootsheid kan nie beskryf word nie, en die vlakke van die ligte is spesiaal. Eweneens, jy kan die regverdige en brose liefde van God, wie jou ooreenkomstig jou dade vergoed, aanvoel, deur net na die huise in die hemel rond te kyk.

3.Besienswaardighede van die Hemel

Wat is daar nog rondom die groot kasteel? Indien ek sou probeer om hierdie stadsgelyke huis in die fynste besonderheid te beskryf, sou dit genoeg inligting gewees het, om 'n boek daaroor te skryf. Rondom die kasteel is 'n groot tuin en baie soorte geboue wat pragtig versier is, en in harmonie staan. Sulke fasaliteite soos 'n swembad, 'n vermaaklikheidspark, kothuise en 'n operahuis maak dat hierdie huis soos 'n groot toeriste aantreklikheid vertoon.

God beloon alles ooreenkomstig ons dade

Die rede waarom die eienaar hierdie soort huis met al die fasaliteite kan hê, is omdat hy homself, sy verstand, tyd en geld op die aarde aan God toegewy het. God het alles beloon, wat hy vir God se koninkryk gedoen het, insluitende om baie siele op die weg na die saligheid te lei, en om God se kerk uit te bou. God is tot meer in staat as om nie net vir ons te gee, dit wat ons voor vra nie, maar ook dit wat ons in ons harte begeer. Ons sien dat God in staat is, om meer voortreflik en mooier te kan ontwerp, as enige uitstaande argitek of stadsbeplanner op hierdie aarde, deur die eenheid en diversiteit op dieselfde tyd te toon.

Indien ons genoeg geld het, kan ons feitlik enigiets wat ons begeer, op die aarde besit. In die hemel, is dit egter nie die geval nie. 'n Huis om in te woon, klere, juwele, krone, of selfs dienende engele kan nie gekoop of gehuur word nie, maar word slegs toegeken, ooreenkomstig iemand se geloof en sy getrouheid teenoor God se koninkryk.

Soos wat ons in Hebreërs 8:5 vind, "Hulle bedien egter slegs 'n afbeelding en skadubeeld van die hemelse heiligdom. Toe Moses die Goddelike opdrag gekry het om die verbonstent op te rig," hierdie wêreld is 'n skadu van die hemel en die meeste diere, plante en die res van die natuur word ook in die hemel gevind. Hulle is baie mooier as dié van die aarde.

Laat ons nou die tuine wat met so baie blomme en plant gevul is, ondersoek.

Aanbiddingsplekke en die Groot Heiligdom

Onder, in die middel by die kasteel is daar 'n baie groot binneplaas, waar baie blomme en bome so 'n pragtige toneel skep. Aan weerskante van die kasteel is daar groot aanbiddingsplekke, waarin die mense van tyd tot tyd vir God met lofprysinge, kan verheerlik. Hierdie hemelse huis, wat ondenkbaar groot is, is soos 'n beroemde toeriste aantreklikheid wat met so baie fasaliteite toegerus is, en aangesien dit baie tyd vir die mense neem om na die huis te kyk, is daar aanbiddingaplekke waarin hulle mag rus.

Aanbidding in die hemel verskil heeltemal, van dit wat ons op die aarde aan gewoond is. Ons is nie aan formaliteite gebonde nie, maar kan deur nuwe liedere aan God glorie bring. Indien ons van die Vader se glorie, en die Here se liefde sing, sal ons verfris word en die volheid van die Heilige Gees ontvang. Dan sal ons dieper emosies in ons harte beleef, en ons sal met dankbaarheid en vreugde vervul word.

Ter aanvulling van hierdie heiligdomme, hierdie kasteel het 'n gebou wat presies dieselfde vorm het, as 'n sekere heiligdom wat op die aarde bestaan het. Terwyl op die aarde, het die eienaar van hierdie kasteel die opdrag van Vader God ontvang, om 'n ontsaglike groot heiligdom te bou. Dieselfde soort heiligdom is ook in Nuwe Jerusalem gebou.

Baie soos Dawid in die Ou Testament, het die eienaar van hierdie kasteel, ook na God se Tempel uitgesien. Daar is baie geboue in die wêreld, maar daar is nie regtig enige gebou wat die waardigheid en glorie van God, vertoon nie. Hy het altyd, oor hierdie feit jammer gevoel.

Hy het so 'n vurige ywer gehad, om 'n heiligdom vir slegs

God die Skepper te bou. God die Vader het hierdie verlangende hart aanvaar, en aan hom in die fynste besonderheid die vorm, grootte, versierings en selfs die binne struktuur van die heiligdom verduidelik. Dit was vir die menslike denke onmoontlik, maar hy het net met geloof, hoop, en liefde opgetree; en uiteindelik, was die Groot Heiligdom gebou.

Hierdie Groot Heiligdom is nie alleenlik 'n gebou wat groot en pragtig is nie. Dit is die kristalvorming van trane van die energie van daardie gelowiges, wie waarlik vir God liefhet. Om die bou van die Groot Heiligdom te bewerkstellig, moes die skatte van die wêreld benut word. Die harte van die konings van die nasies, moes aangeraak word. Hiervoor was die kragtige werke van God, wat ver bo die menslike denke is, die nodigste.

Die eienaar van hierdie kasteel het sulke moeilike geestelike gevegte homself oorkom, om hierdie soort krag te ontvang. Hy het in God, wie die onmoontlike dinge moontlik maak geglo, slegs deur goedheid, liefde en gehoorsaamheid. Hy het voortdurend gebid, en gevolglik die Groot Heiligdom gebou, wat deur God met vreugde aanvaar is.

God die Vader ken al hierdie feite, en het ook 'n reproduksie van die Groot Heiligdom vir hierdie persoon, in die kasteel gebou. Natuurlik, die Groot Heiligdom in die hemel is van goud en juwele gebou, wat baie mooier as die onvergelykbare aardse materiale is, alhoewel die vorm dieselfde is.

'n Uitvoeringsaal soos die Sydney Operahuis

In hierdie kasteel, is daar 'n opvoeringsaal wat met die Operahuis in Sydney, Australië vergelyk kan word. Daar

"Ek het die Heilige Stad, Nuwe Jerusalem, Gesien"

is 'n rede, waarom God die Vader in hierdie kasteel so 'n opvoeringsaal gebou het. Tydens die eienaar van die kasteel se verblyf op die aarde het hy baie uitvoeringspanne, wie God se hart verstaan, georganiseer om Hom met lofprysinge te vermaak. Hy het God die Vader, grootliks deur pragtige en aangename Christelike kunsuitvoerings, verheerlik.

Dit was nie net uiterlike voorkoms, vaardighede, en tegnieke nie. Hy het die spelers op 'n geestelike wyse gelei, sodat hulle vir God met ware liefde, uit die diepte van hulle harte kon verheerlik. Hy het baie spelers opgehef wie die soort lofprysinge kon aanbied, wat God regtig kon aanvaar. Daarom het God die Vader 'n pragtige kunssaal opgerig, sodat die spelers in staat sal wees, om vrylik in die kasteel hulle vaardighede, na hulle hartbegeertes te demonstreer.

'n Groot meer strek voor die gebou uit, en dit lyk asof die gebou op die water drywe. Wanneer die waterfontein die water vanaf die meer opskiet, sal die vallende waterdruppels ligte soos juwele uitstraal. Die uitvoeringsaal het 'n pragtige versierde verhoog, met baie soorte juwele en sitplekke wat vir gehore wag. Hier, sal engele met pragtige kleredrag optree.

Daardie engele wat optree, sal in rokke dans, wat ligte van skitterende juwele uitstraal, wat soos deurskynende vlerke van draakagtige vlieë lyk. Elkeen van hulle bewegings, is perfek foutloos en pragtig. Daar is ook engele wat sing en musiekinstrumente bespeel. Hulle speel sulke pragtige en lieflike deuntjies, met verfynde vaardighede en tegnieke.

Selfs al is die engele se vaardighede so goed, is die aroma van God se kinders se lofprysinge en danse, baie verskillend. God se kinders het, diep in hulle harte vir God groot liefde en dankbaarheid. Uit die hart wat deur die menslike ontwikkeling mooi gemaak is, kom die aroma wat vir God die Vader kan aanraak.

Daardie kinders van God, wie se plig dit is om God op die aarde te loof, sal ook baie geleenthede in die hemel kry, om God met hulle lofprysinge te verheerlik. Indien 'n lofprysleier Nuwe Jerusalem ingaan, kan hy/sy in die uitvoering kunssaal, wat soos die Operahuis lyk, optree. Die opvoerings wat in hierdie plek plaasvind, word somtyds na alle woonplekke in die hemelse koninkryk lewendig gebeeldsend. Daarom, om slegs een keer op die verhoog van hierdie saal te staan, sal so 'n groot eer wees.

'n Wolkbrug van reënboog kleure

Die Rivier met die Water van die Lewe, wat met silwer ligte blink, vloei regdeur die kasteel en word daardeur omring. Die oorsprong daarvan, is by God se troon en vloei rondom die kastele van die Here en die Heilige Gees, Nuwe Jerusalem, die Derde, Tweede en Eerste Koninkryke van die Hemel, Die Paradys en keer na die troon van God terug.

Mense gesels met die visse wat so baie pragtige kleure het, terwyl hulle op die goud en silwer sand aan weerskante, van die Rivier met die Water van die Lewe sit. Daar is goue banke aan weerskante van die Rivier, en daar is bome van die lewe rondom dit. Terwyl daar op die goue banke gesit word en jy kyk na die smaaklike vrugte, en jy dink net, 'Ag, daardie vrugte lyk so lekker,' sal die dienende engele die vrugte in 'n blommemandjie bring, en beleefd aan jou oorhandig.

Daar is ook pragtige, boogvormige reënboogbrûe rondom

die Rivier met die Water van die Lewe. Terwyl jy daar op die wolkbrug met die reënboog kleure loop, en na die Rivier kyk wat stadig onder jou vloei, voel jy so wonderlik, asof jy in die lug vlieg of op die water loop.

Wanneer jy die Rivier met die Water van die Lewe oorsteek, is daar 'n buitenste binneplaas met baie soorte blomme en 'n goue grasperk, en hier voel jy iets verskillend, van dit wat jy in die binneste binneplaas voel.

'n Vermaaklikheidspark en 'n blommepad

Oorkant die wolkbrug, is daar 'n vermaaklikheidspark wat baie soorte ritte bevat, wat jy nog nooit gesien, van gehoor, of jou kan voorstel nie; selfs die beste vermaaklikheidsparke van die wêreld, soos Disneyland, kan nie met hierdie vermaaklikheispark vergelyk word nie. Treine gemaak van kristal beweeg rondom die park, 'n roofskip-temarit gemaak van goud en baie juwele beweeg vorentoe en agtertoe, 'n mallemeule beweeg op 'n vrolike ritme, en 'n groot tuimeltreintjie verskaf aan die ryers groot opwinding. Wanneer ook al hierdie ritte, wat met baie juwele versier is beweeg, straal dit veelvoudige lae ligte uit, en wanneer jy daarin ry, word jy deur die feesstemming oorweldig.

Aan die een kant van die buitenste binneplaas, is daar 'n eindelose blommepad, en die hele pad is bedek met blomme sodat jy op die blomme self kan loop. Die hemelse liggaam is so lig, dat jy nie die gewig kan voel nie, dus word die blomme nie vertrap wanneer jy daarop loop nie. Wanneer jy op die wye blommepad loop en sulke sagte geure van die blomme ruik, sluit die blomme hul blomblare asof hulle skaam is, en maak 'n permanente karteling en open die blomblare wyer. Dit is 'n spesiale verwelkoming en groeteboodskap. In feëverhale het blomme hulle eie gesigte en kan gesprekke voer, en in die hemel is dit dieselfde.

Jy sal deeglik trots wees, om op die blomme te loop en hulle geure te geniet, en die blomme sal bly wees en hulle dank betuig, omdat jy op hulle loop. Wanneer jy saggies op hulle trap, stel hulle eintlik nog meer geure vry. Elke blom het 'n verskillende geur, en die geure word elke keer verskillend gemeng, sodat jy nuwe gevoelens ervaar, elke keer wat jy daarop loop. Die blompaaie is hier versprei, en lyk soos 'n pragtige skildery om tot die skoonheid, van die hemelse huis by te dra. Eweneens, een persoon se huis is ontsaglik en blykbaar eindeloos, en bestaan uit baie fasaliteite.

'n Groot vlakte waarop diere rustig speel

Oorkant die blommepaaie is 'n groot, wye vlakte en baie soorte diere wat jy op die aarde kon gesien het, is ook daar aanwesig. Natuurlik, jy kan baie ander soorte diere in ander plekke sien, maar daar is feitlik alle soorte dier hier, behalwe drake wat teen God opstaan. Die toneel voor jou oë herinner jou aan die grasvlaktes van Afrika, en hierdie diere verlaat nie hulle omgewings nie, selfs al word hulle nie afgekamp nie, en vermaak hulle almal vrylik. Hulle is groter as die diere van die aarde en het helderder kleure, wat mooier glinster. Die wet van die oerwoud geld nie vir hulle nie.

Alle diere is sagsinnig; selfs leeus wat die koning van die diere genoem word, is geensins aggressief nie, maar baie sag van geaardheid en hulle goue pelse is so lieflik. Ook, in die hemel kan jy vrylik met die diere gesels. Stel jou voor, om die skoonheid en prag van die natuur te geniet deur oor die wye vlaktes te hardloop, en op die leeus en olifante te ry. Dit is nie iets wat net in feëverhale gevind word nie, maar die voorreg is ook beskore vir hulle, wie gered is en die hemel ingaan.

'n Privaat kothuis en goue stoel om te rus

Aangesien hierdie persoon se huis soos 'n groot toeriste aantreklikheid in die hemel is, vir baie om te geniet, het God vir die eienaar ook 'n kothuis vir sy uitsluitlike privaat gebruik gegee. Hierdie kothuis is op 'n klein heuwel geleë, met 'n wye uitsig en pragtige versierings. Nie enigiemand kan hierdie kothuis binnegaan nie, omdat dit vir privaat gebruik is. Die eienaar homself rus daar, of gebruik dit om profete soos Elisa, Henog, Abraham en Moses te ontvang.

Daar is ook 'n ander kothuis wat gemaak is van kristalle, en anders as ander geboue, is dit helder en deursigtig. Nogtans, jy kan nie die binnekant vanaf buite sien nie, en die ingang is onsigbaar. Op die daktuin van hierdie kristalkothuis, is daar 'n roterende goue stoel. Wanneer die eienaar daar sit, kan hy die hele huis met een oogopslag sien. God het dit spesiaal vir die eienaar gemaak, sodat hy die vreugde kan voel, deur na die baie mense te kyk wie die huis besoek, of deur net te rus.

'n Heuwel van herinnering en 'n pad van oordenking

Die pad van oordenking, waar bome van die lewe weerskante

van die pad staan, is dit so kalm asof die tyd stilstaan. Wanneer die eienaar 'n tree gee, kom vrede uit die diepte van sy hart, en hy word aan die aardse dinge herinner. Indien hy dink aan die son, maan en die sterre, word 'n ronde laag soos 'n skerm bokant sy kop geplaas, en die son, maan en die sterre verskyn. In die hemel is die ligte van die son, maan en sterre nie nodig nie, omdat die hele plek deur deur God se lig van glorie omring word. Die skermlaag is afsonderlik vir hom voorsien, om aan die dinge van die aarde te dink.

Daar is ook 'n plek genoem die heuwel van herinnering, en dit vorm 'n groot dorp. Dit is waar die eienaar sy lewe op die aarde kan naspeur, en die brokkies inligting kan versamel. Die huis waarin hy gebore is, skole wat hy bygewoon het, dorpe en stede waar hy gewoon het, plekke waar hy beproewinge deurgemaak het, die plek waar hy God vir die eerste keer ontmoet het, die heiligdomme wat hy gebou het, nadat hy 'n leraar geword het, is alles daar in kronologiese volgorde saamgevat.

Alhoewel die materiale natuurlik van dit op die aarde verskil, is dinge omtrent sy aardse lewe 'n akkurate weergawe, sodat mense die aardse lewe duidelik kan voel. Hoe wonderlik en broos is God se liefde!

Watervalle en 'n see met eilande

Indien jy aanhou loop op die pad van oordenking, kan jy van ver af 'n hard en duidelike geluid hoor. Die geluid is afkomstig, vanaf 'n waterval wat uit so baie kleure bestaan. Wanneer die waterval watersproei in die lug spuit, veroorsaak die juwele op die bodem sulke pragtige glinsterende ligte. Dit is so 'n pragtige toneel om te sien, dat 'n groot stroom water drie vlakke ver na benede val, vanaf die bopunt tot in die Rivier met die Water van die Lewe, en dan daarin vloei. Daar is juwele wat twee en drievoudige ligte aan weerskante van die waterval laat skitter, en dit straal sulke verbasende ligte saam met die watersproei uit. Jy kan verfris en energiek voel, net deur daarna te kyk.

Daar is ook 'n pawiljoen bokant die waterval, waarvandaan die mense die mooi gesig kan sien of net rus. Jy kan die hemelse huis as geheel sien en die uitsig is so groot en pragtig, dat dit nie genoegsaam deur aardse woorde beskryf kan word nie.

Daar is 'n groot see agter die kasteel, waarin daar eilande van verskillende groottes in is. Die vlekkelose en helder seewater blink, asof daar juwele op die water gestrooi is. Dit is ook so mooi om die visse in die helder see te sien swem, en tot jou verbasing, pragtige huise met jaspis kleure wat onder die see gebou is. Op die aarde is daar niemand wat ryk genoeg is, om 'n huis onder die see te besit nie.

Nietemin, aangesien die hemel in die vierde-dimenensionele wêreld is, waarin enigiets moontlik is, is daar ontelbare dinge wat ons nie kan verstaan of kan voorstel dat dit bestaan nie.

'n Reusagtige vaartuig soos die Titanic en 'n kristalboot

Eilande in die see het baie soorte wildeblomme, singende voëls en kosbare edelstene om die pragtige tonele aan te vul. Hier, word kano en branderplank kompetisies gehou, om baie hemelse inwoners te betrek. Daar is 'n skip soos die Titanic op die rustige golwende see, en die eenheid het baie soorte fasaliteite soos swembaddens, teaters en feesmaal-sale aanboord. Wanneer jy op die deurskynende skip is, wat heeltemal van kristal gemaak is, voel dit asof jy op die see loop, en jy kan die skoonheid van die see se binneste in 'n rugbybal -vormige duikboot aanvoel.

Hoe gelukkig moet dit nie wees, om in staat te wees om op 'n skip soos die Titanic, 'n kristalboot, of 'n rugbybal-vormige duikboot in hierdie pragtige plek deur te bring nie, al is dit vir slegs een dag! Nogtans, aangesien die hemel 'n ewige plek is, kan jy vir al hierdie dinge vir ewig geniet, slegs indien jy kwalifiseer om Nuwe Jerusalem te kan ingaan.

Baie sport ontspanningsgeriewe

Daar is ook sport en ontspanningsgeriewe soos gholfbane, kegelbane, swembaddens, tennisbane, vlugbalbane, basketbalbane ensovoorts. Hierdie is as toekennings gegee, omdat die eienaar hierdie sportsoorte op die aarde kon beoefen, maar het eerder al sy tyd op die aarde aan God se koninkryk spandeer.

By die kegelbaan, wat van goud en juwele gemaak is, in die vorm van 'n kegel, is die bal en kegels ook van goud en juwele gemaak. Mense speel in groepe van drie tot vyf, en hulle het 'n aangename tyd saam, terwyl hulle mekaar aanmoedig. Die bal voel baie lig, verskillend van dié op die aarde, dus sal dit vinniger met die kegelbaan langs beweeg, selfs al gee jy dit net 'n ligte stootaksie. Wanneer dit die kegel raak, kom skitterende ligte tesame met helder en pragtige geluide daaruit te voorskyn.

Op die gholfbane, met goue grasperke uitgelê, lê die gras outomaties plat, sodat die bal maklik gedurende wedstryde kan rol. Wanneer die gras platlê soos dominostene, vertoon dit soos 'n goue golf. In Nuwe Jerusalem, word die eienaar se hart selfs deur die gras gehoorsaam. Verder, na die setwerk, kom 'n gedeelte wolk tot by sy voete en word sy eienaar na die volgende putjie geneem. Hoe verbasend en wonderlik is dit!

Die mense het net so baie pret in die swembad ook. Aangesien niemand in die hemel verdrink nie, selfs hulle wie nie op die aarde kon swem nie, kan daar baie natuurlik swem. Bowendien, die water deurdrenk nie die klere nie, maar rol soos dou van 'n blaar af. Mense kan enige tyd hulle swem geniet, omdat hulle met hulle klere aan kan swem.

Mere van baie groottes en fonteine in die tuine

Daar is baie mere van verskillende groottes in die groot, wye hemelse huis. Wanneer visse met verskeie kleure hulle vinne wuif, asof hulle dans om God se kinders te verheerlik, lyk dit asof hulle, hulle liefde hardop bely. Jy kan ook visse sien, wat hulle kleure verander. 'n Vis wat sy silwerkleurige vinne wuif, kan skielik sy kleur na 'n pêrelagtige kleur verander.

Daar is talryke tuine en elke tuin het 'n verskillende naam, ooreenkomstig sy unieke skoonheid en karaktereienskappe. Die skoonheid kan nie behoorlik meegedeel word nie, omdat God se aanraking selfs by elke blaar sigbaar is.

Die fonteine is ook verskillend, ooreenkomstig elke tuin se karaktereienskappe. Oor die algemeen spuit fonteine water in die lug in, maar daar is ook fonteine wat baie pragtige kleure of geure vrystel. Daar is nuwe en kosbare geure wat jy nie op die aarde kan ervaar nie, soos die geur van uithouvermoë wat jy by die pêrel waarneem, die geur van strewe en hartstogtelike liefde, die geur van selfopoffering of getrouheid, en baie meer. In die middel van 'n spesifieke fontein is daar beskrywings of tekeninge wat die betekenis van elke fontein weergee, en waarom dit geskep was.

Verder, is daar baie ander geboue en spesiale plekke in daardie kasteelagtige huis, maar dit is so 'n jammerte dat nie al daardie fasaliteite in meer besonderhede beskryf kan word nie. Wat belangrik is, is dat niks sonder rede toegeken word nie, maar alles word toegeken ooreenkomstig, hoeveel werk jy vir God se koninkryk en Sy regverdigheid op die aarde gedoen het.

Groot is jou beloning in die hemel

Teen hierdie tyd sou jy al besef het, dat die hemelse huis te ontsaglik groot is, om dit te kan voorstel. Die groot kasteel met volkome privaatheid, is in die middel gebou, met baie ander geboue en fasaliteite, tesame met groot tuine wat dit omring; hierdie huis is soos 'n toeriste gastehuis in die hemel. Jy kan dit onmoontlik verhelp om so verbaas te wees, aangesien hierdie huis van ondenkbare grootte deur God voorberei is, vir een persoon wat op die aarde ontwikkel was.

Wat, dan, is die rede waarom God 'n hemelse huis so groot soos 'n groot stad voorberei het? Laat ons na Matteus 5:11-12 kyk:

"Geseënd is julle wanneer die mense julle ter wille van My beledig en vervolg en valslik al wat sleg is van julle sê. Wees bly en verheug, want julle loon is groot in die hemel. Hulle het immers die profete voor julle net so vervolg."

Hoeveel het die apostel Paulus gely, om God se koninkryk ten uitvoer te bring? Hy het gely, as gevolg van onbeskryflike ontberings en vervolgings, om die evangelie van Jesus die Saligmaker aan die nie-Jode te verkondig. Ons kan vanaf 2 Korintiërs 11:23 en verder sien, dat hy baie hard vir God se koninkryk gewerk het. Paulus was as gevangene baie geslaan, of baie keer in doodsgevaar, terwyl hy die evangelie verkondig het.

Nogtans, Paulus het nooit gekla of 'n wrok gekoester nie, maar was verheug en bly, wanneer die Woord van God hom iets beveel het. Agter alles, die deur van die wêreldsending vir die nie-Jode, was deur Paulus geopen. Daarom het hy Nuwe Jerusalem natuurlik ingegaan, en het hy die eer te beurt geval, wat soos die son in Nuwe Jerusalem skyn.

God is baie lief vir hulle wie hard werk en getrou is, selfs tot die vlak om hullle lewens op te offer, en hulle word met baie dinge in die hemel geseën en beloon.

Die Stad Nuwe Jerusalem is nie vir enige besondere persoon gereserveer nie, maar enigiemand wie sy hart heilig maak, om met God se eie hart ooreen te kom, en sy plig vuriglik uitvoer, kan ingaan en daar woon.

Ek bid in die naam van die Here Jesus Christus dat jy God se hartsbegeerte, deur vurige gebede en God se Woord ten uitvoer sal bring, en jou pligte volkome sal uitvoer, sodat jy Nuwe Jerusalem kan ingaan en aan Hom in trane kan bely, "Ek is so dankbaar vir die groot liefde van die Vader."

Hoofstuk 9

Die Eerste Feesmaal in Nuwe Jerusalem

1. Die Eerste Feesmaal in Nuwe Jerusalem

2. Profete in die Eersterangse Groep in die Hemel

3. Pragtige Vroue in God se Oë

4. Maria Magdalena Woon Naby God se Troon

> *"Wie dan ook een van die geringste van hierdie gebooie ongeldig maak en die mense so leer, sal die minste geag word in die koninkryk van die hemel. Maar wie die wet gehoorsaam en ander so leer, sal hoog geag word in die koninkryk van die hemel."*
>
> - Matteus 5:19 -

Die heilige Stad Nuwe Jerusalem huisves God se troon, saam tussen ontelbare mense, wie op die aarde ontwikkel is, hulle wie rein en pragtige harte het soos kristal woon daar vir ewig. Die lewe in Nuwe Jerusalem saam met God die Drie-eenheid is vol ondenkbare liefde, emosie, blydskap en vreugde. Mense geniet 'n oneindige blydskap deur aanbiddingsdienste en feesmale by te woon, en om hartlike gesprekke met mekaar te voer.

Indien jy 'n feesmaal in Nuwe Jerusalem bywoon, wat deur God die Vader Homself gehou word, kan jy opvoerings dophou en liefde met 'n onnoembare getal mense van verskillende woonplekke in die hemel deel.

God die Drie-eenheid, wie die menslike ontwikkeling met lang uithouvermoë voltooi het, is verheug en voel gelukkig om na Sy geliefde kinders te kyk.

Die God van liefde het aan my die lewe in Nuwe Jerusalem, wat vol emosies verby begrip is, blootgelê. Die rede waarom ek kwaad met goedheid kon oorkom, en vir die vyande lief wees, selfs wanneer ek sonder rede gely het, is omdat my hart met hoop vir Nuwe Jerusalem gevul is.

Nou, laat ons delf, in hoe geseënd dit is om "God se hart ten uitvoer te bring" wat so helder en pragtig soos kristal is, met 'n toneel uit die eerste fesmaal wat sou plaasvind in Nuwe Jerusalem, as 'n voorbeeld.

1. Die Eerste Feesmaal in Nuwe Jerusalem

Net soos op die aarde, is daar feesmale in die hemel, en daardeur kan ons die vreugde van die hemelse lewe, beter verstaan. Dit is omdat dit die edele plekke is, waar ons rykdom en skoonheid van die hemel in 'n oogwink kan sien, en dit geniet. Soos wat mense op die aarde hulself met mooi dinge verfraai, en eet en drink en hulself met die beste maaltye by 'n feesmaal geniet, soos aangebied deur 'n land se president, wanneer 'n feesmaal in die hemel plaasvind, word dit met pragtige danse, sangstukke en vreugde gevul.

'n Mooi klank van verheerliking vanaf die saal

Die feessaal van Nuwe Jerusalem en so groot en pragtig. Indien jy verby die ingang gaan, in 'n vertrek waarvan jy nie die ander kant kan sien nie, dra 'n mooi klank van hemelse musiek by, tot die sterk emosie wat reeds waarneembaar is.

Wonderlik is die lig
wat was voor die ontstaan van tyd.
Hy verhelder alles
met daardie oorspronklike lig.
Hy het geboorte aan Sy Seun gegee
en die engele gemaak.

Sy glorie is groot
bokant hemel en aarde
en is verhewe.
Pragtig is Sy genade
wat Hy net uitstrek.
Hy het Sy hart uitgestrek
En die wêreld geskep.
Loof Sy groot liefde met klein lippe.

Loof die Here
Wie die lof ontvang en juig.
Verhoog Sy heilige naam
en loof hom vir ewig.
Sy lig is wonderlik
en die moeite werd om te prys.

Die helder en smaakvolle musiekgeluide dring die gees binne, om opwinding en sulke vrede te gee, soos wat 'n baba in sy moeder se boesem ervaar.

Die groot hek van die feessaal, met 'n pragtige patroon daarop gegraveer, het 'n wit edelsteen kleur, en is met hemelse blomme van verskillende vorms en kleure verfraai. Jy kan sien dat God die Vader het self die kleinste dingetjie in Sy brose liefde vir Sy kinders, in elke hoek van die Stad Nuwe Jerusalem in die fynste besonderheid voorberei.

Verby die hek met 'n witkleurige edelsteen voorkoms

Ontelbare mense beweeg in 'n tou deur die pragtige, groot hek van die feessaal. Hulle wie in Nuwe Jerusalem woon, beweeg eerste deur. Hulle dra goue krone wat baie groter is as die krone van ander woonplekke, en stel sagte, pragtige ligte vry. Mense dra wit eenstuk rokke, wat helder en skerp ligte uitstraal. Die tekstuur daarvan, is so lig en sag soos sy en dit swaai, agtertoe en voerentoe.

Die rok, wat met goud en baie soorte juwele versier is, het glinsterende borduurwerk van juwele om die kraag en moue, en ooreenkomstig iemand se toekennings, sal die soort juwele en patrone verskil. Die skoonheid en eer van Nuwe Jerusalem se inwoners, en die ander inwoners van die hemelse woonplekke, is volkome verskillend.

Anders as die mense wat in Nuwe Jerusalem woon, moet mense van ander woonplekke in die hemel, 'n proses deurloop om die fees in Nuwe Jerusalem by te woon. Mense van die Derde, Tweede en Eerste Koninkryke van die Hemel of van Die Paradys moet hulle kleredrag na die spesiale rokke vir Nuwe Jerusalem verander. Aangesien die lig van die hemelse liggame verskil, afhangend vanaf watter woonplek die mense kom, moet hulle toepaslike klere leen, om 'n woonplek van 'n hoër vlak te besoek, as die plek waarin hulle woon.

Dit is waarom daar 'n afsonderlike plek is, om van klere te verwissel. Daar is so baie rokke van Nuwe Jerusalem, en die engele help die mense om hulle klere te verwissel. Nogtans, hulle wat afkomstig is vanaf Die Paradys, al is hulle in die minderheid, moet hulle klere self verwissel, sonder die engele se hulp. Hulle verwissel hulle klere vir rokke van Nuwe Jerusalem en word diep aangeraak, deur die rokke se glorie. Hulle voel steeds jammer, omdat hulle die rokke dra wat hulle nie regtig voor geskik is, om te dra nie.

Mense vanaf die Derde, Tweede of die Eerste Koninkryke van die Hemel en Die Paradys moet hulle klere verwissel, en die uitnodigings aan die engele toon, by die ingang van die feessaal om te kan ingaan.

Die groot en glinsterende feessaal

Wanneer die engele jou na die feessaal begelei, kan jy dit nie verhelp om oorweldig te raak oor die skitterende ligte, die grootsheid, en die heerlikheid van die feessaal nie. Die vloer van die saal skitter soos spierwit edelstene, sonder enige merk of vlek, en daar is so baie pilare aan weerskante. Die ronde pilare is so helder soos glas, en die binneafwerking is met baie soorte juwele versier, om hierdie ongeëwenaarde skoonheid te skep. 'n Ruiker hang aan elke pilaar om tot die fees se stemming en gehalte by te dra.

Hoe gelukkig en oorweldigend sal dit wees, indien jy na 'n danssaal uitgenooi word, wat van wit marmer en skitterende kristalle gemaak is! Hoeveel mooier en meer vreugdevol sal die hemelse feessaal wees, wat van baie soorte hemelse juwele gemaak is, nie wees nie!

Aan die voorkant van Nuwe Jerusalem se feessaal is daar twee groot verhoë, wat vir jou 'n statige gevoel gee, asof jy 'n besoek uit die verlede bywoon van 'n kroningseremonie van 'n outydse keiser. In die middel van die hoogste verhoog, is daar 'n groot troon met 'n wit edelsteen kleur, van God die Vader. Aan die regterkant van hierdie troon, is die troon van die Here, en aan die linkerkant is die troon van die eregas, van die eerste feesmaal. Hierdie trone word omring deur skerp ligte wat baie hoog en pragtig is. Op die laer verhoog, is daar sitplekke vir die profete ingerig, ooreenkomstig tot die hemelse range, om God die Vader se grootheid aan te dui.

Hierdie feessaal is groot genoeg, om ontelbare hemelse genooide inwoners te huisves. Aan die een kant van die feessaal, is daar 'n hemelse orkes met 'n aartsengel as die dirigent. Hierdie orkes speel hemelse musiek om tot die feesmaal se vreugde en blydskap, voor en gedurende die feesmaal by te dra.

Plekaanwysings met die engele se begeleiding

Hulle wie die feessaal ingegaan het, word deur die engele binnegelei, na hulle voorafaangewysde sitplekke, en mense van Nuwe Jerusalem sit heel voor, gevolg deur hulle van die Derde, Tweede en Eerste Koninkryke en dan Die Paradys.

Hulle wie vanaf die Derde Koninkryk kom, dra ook krone wat heeltemal van Nuwe Jerusalem se krone verskil, en hulle moet ronde merkers aan die regterkant van die krone aanbring, sodat hulle van Nuwe Jerusalem se mense onderskei kan word. Hulle wie van die Tweede en Eerste Koninkryke afkomstig is, moet 'n ronde merker op hulle linker bors aanbring, sodat hulle outomaties van die Derde Koninkryk of Nuwe Jerusalem se mense onderskei kan word. Mense vanaf die Tweede en Eerste Koninkryke dra krone, maar mense vanaf Die Paradys het geen krone om te dra nie.

Hulle wie na die fees in Nuwe Jerusalem uitgenooi is, neem hulle sitplekke in en wag vir die aankoms van God die Vader, die gasheer van hierdie fees, met hulle fladderende gedagtes, en trek voortdurend hulle klere reg, ensovoorts. Wanneer die trompetklanke aandui dat die Vader opgedaag het, staan al die mense in die saal op, om hulle gasheer te ontvang. Op hierdie stadium kan hulle wie nie na die feesmaal uitgenooi is nie, nog steeds deelneem aan die gebeurtenis, deur middel van gesamentlike uitsaaiprogramme wat orals in hulle onderskeie woonplekke in die hemel geïnstalleer is.

Die Vader kom die saal op die trompetklanke binne

By die aanhoor van die trompetklanke sal baie aartsengele, wie God die Vader vergesel eerste ingaan, en dan Sy geliefde voorvaders van die geloof, volg. Nou is almal en alles gereed om

God die Vader te ontvang. Die mense wie hierdie toneel aanskou, word meer gretig om die Vader en die Here ts sien, en hulle oë is vorentoe gefokus.

Uiteindelik, met skerp en pragtige, skitterende ligte kom God die Vader binne. Sy voorkoms is deftig en waardig, maar terselfdertyd so vriendelik en heilig. Sy sagte, golwende goudkleurige hare blink, en sulke skerp ligte straal uit Sy gesig en hele liggaam, sodat die mense nie hulle oë behoorlik kan oopmaak nie.

Wanneer God die Vader opgaan na die troon, die hemelse gasheer en engele, die profete wie op die verhoog gewag het en al die ander mense in die feessaal, buig hulle hoofde om Hom te aanbid. Dit is so 'n groot eer om God die Vader, die Skepper en Regeerder van alles, as 'n skepsel persoonlik te kan sien. Hoe vreugdevol en roerend is dit! Nogtans, nie al die gaste kan Hom sien nie. Mense afkomstig vanaf Die Paradys, die Eerste Koninkryk en die Tweede Koninkryk kan as gevolg van die skerp ligte, nie eers hulle gesigte oplig nie. Hulle stort net in dankbaarheid trane van blydskap en emosie, vir die feit dat hulle ook by die fees teenwoordig kan wees.

Die Here stel die eregas voor

Nadat God die Vader op Sy troon gaan sit het, het die Here onder begeleiding van 'n pragtige en elegante aartsengel ingekom. Hy dra 'n groot en pragtige kroon, asook 'n lang wit mantel. Hy lyk deftig en vol van prag. Die Here buig eerstens voor God die Vader om hoflik te wees, dan ontvang Hy die aanbidding vanaf die engele, profete en al die ander mense, en glimlag vir hulle terug. God die Vader wie op die troon sit, lyk gelukkig om na al die mense te kyk, wie die feesmaal bywoon.

Die Here gaan na 'n podium en stel die eregas van die eerste feesmaal voor, en verstrek alle besonderhede omtrent sy evangeliebediening, wat gehelp het om die menslike ontwikkeling te voltooi. Sommige teenwoordiges by die feesmaal wonder wie die persoon is, of hulle wie reeds weet, gee met groot verwagtings, aan die Here aandag.

Uiteindelik sluit die Here sy opmerkings af deur te verduidelik, hoe lief hierdie man vir God die Vader het, hoe hard hy probeer het om baie siele te red, en hoe hy God se wil volkome uitgevoer het. Dan, is God die Vader oorweldig deur die vreugde, en staan op om die eregas van die eerste feesmaal te verwelkom, soos 'n vader sy seun verwelkom na sy suksesvolle terugkeer, soos 'n koning 'n triomfantlike generaal ontvang. In die feessaal gevul met verwagting en siddering, weerklink die trompet weereens, en dan verskyn die eregas blinkend en skitterend.

Hy dra 'n groot en pragtige kroon, met 'n lang wit mantel, soos dié van die Here. Hy lyk ook deftig, maar mense kan sy vriendelikheid en genadigheid op sy gesig, wat God die Vader verteenwordig, bespeur.

Wanneer die eregas van die eerste feesmaal inkom, staan die mense op en begin juig, met hulle hande opgelig asof hulle 'n golf wil vorm. Hulle draai om en is verheug, en omhels mekaar. Byvoorbeeld, in 'n Wêrelbeker finaal, wanneer die bal verby die doelwagter gaan, om 'n oorwinning te bewerkstellig, sal al die mense van die seëvierende land wat die wedstryd bywoon, of in hulle huise dit sien, verheug wees en juig, mekaar omhels, hoëvyfwe uitruil, ensovoorts. Net so, die feessaal in Nuwe Jerusalem is vol vrolikhede en vreugde.

2. Profete in die Eersterangse Groep in die Hemel

Wat, dan, moet ons spesifiek doen, om Nuwe Jerusalem inwoners te word en die eerste feesmaal by te woon? Ons moet nie alleenlik vir Jesus Christus aanneem en die Heilige Gees as 'n geskenk ontvang nie, maar ook die nege vrugte van die Heilige Gees dra en aan God se hart, wat so helder en pragtig soos kristal is, gelyk word. In die hemel, word die orde bepaal deur die mate waartoe jy geheilig is, om met God se hart ooreen te stem.

Dus, selfs tydens die eerste feesmaal in Nuwe Jerusalem, het die profete volgens die hemelse rangorde ingekom, toe God die Vader die saal binnegegaan het. Hoe hoër die profete of ander voorvaders van die geloof in die rangorde is, hoe nader kan hulle aan God se troon staan. Net so, aangesien die hemel regeer word op die basis van rangorde, weet ons dat ons aan God se hart gelyk moet word, om nader aan Sy troon te wees.

Nou laat ons die soort hart beskou, wat so helder en pragtig soos kristal is, soos God se hart, en hoe ons volkome daaraan gelyk kan word, deur die lewens van die profete in die eersterangse groep in die hemel.

Elia het opgevaar hemel toe sonder om te sterf

Van al die menslike wesens wat op die aarde ontwikkel is, was Elia die hoogste op die rangorde gewees. Deur middel van die Bybel kan jy sien, dat elke aspek van Elia se lewe van die lewende God, die enigste ware God, getuig. Hy was 'n profeet in die tyd van Koning Agab in die noordelike koninkryk van Israel, waar afgode-aanbidding aan die orde van die dag was. Hy het 850 profete, wie afgode aanbid het gekonfronteer, en het vuur vanaf die hemel gestuur. Elia het ook na drie en 'n halfjaar se ernstige droogte, groot reën gebring.

Elia was 'n mens net soos ons. Hy het ernstig gebid dat dit nie moet reën nie, en in die land het dit drie jaar en ses maande lank nie gereën nie. Toe het hy weer gebid, en die hemel het reën gegee en die aarde het sy oes gelewer (Jakobus 5:17-18).

Verder, deur Elia, het 'n handvol meel in 'n kruik en 'n bietjie olie in 'n beker gehou tot aan die einde van die hongersnood. Hy het die dooie seun van 'n weduwee opgewek, en die Jordaanrivier in twee verdeel. Aan die einde, is Elia in 'n stormwind op, die hemel in (2 Konings 2:11).

Wat, dan, is die rede dat Elia, wie dieselfde menslike wese as ons was, God se kragtige werke kon uitvoer en selfs die dood kon vermy? Dit is omdat hy die hart, wat so suiwer en pragtig soos kristal is, wat God verteenwoordig het deur baie beproewinge gedurende sy lewe, ten uitvoer gebring het. Elia het onder alle omstandighede sy vertroue in God gestel, en Hom altyd gehoorsaam.

Toe God hom beveel het, het die profeet na Koning Agab, wie probeer het om hom dood te maak, gegaan en voor ontelbare mense verkondig dat God die enigste ware God is. Dit is waarom en hoe hy God se krag ontvang het, Sy kragtige werke openbaar gemaak het, God grootliks verheerlik het, en daardeur die eer en vreugde vir ewig geniet het.

Henog het vir 300 jaar saam met God die pad gestap

Wat omtrent Henog se geval? Net soos Elia, het Henog ook opgevaar hemel toe, sonder om te sterwe. Alhoewel die Bybel nie so baie oor hom vermeld nie, kan ons steeds besef hoe baie hy met God se hart ooreengekom het.

Toe Henog 65 was, het hy die vader geword van Metusalag. Henog het na die geboorte van Metusalag nog 300 jaar naby God geleef en het seuns en dogters gehad. Henog se ouderdom was dus 365 jaar. Hy het naby God geleef en toe was hy nie meer daar nie, want God het hom na Hom toe weggeneem (Genesis 5:21-24).

Henog het op die ouderdom van 65 jaar naby God begin lewe. Hy was so lieflik in God se oë, omdat hy met God se hart ooreengekom het. God het innig met hom gekommunikeer, vir 300 jaar naby hom gelewe, en hom na 'n plek naby God Homself weggeneem. Hier, beteken "om die pad met God te stap" dat God met daardie spesifieke persoon in alles is, en God was met Henog vir drie eeue gewees.

Indien jy op reis gaan, met wat se soort mens sal jy graag wil gaan? Die reis sal aangenaam wees, indien jy saam met iemand gaan waarmee jy jou gedagtes kan deel. Om dieselfde rede, besef ons dat Henog een met God se hart was en dat hy 'n pad saam met God kon stap.

Aangesien God as 'n krag van lig, goedheid en liefde gereken word, mag ons nie enige duisternis in ons hê nie, om sodoende naby God te lewe nie, maar goedheid en liefde in oorvloed. Henog het homself heilig gehou, alhoewel hy in 'n sondige wêreld gewoon het, en God se wil aan die mense oorgelewer het (Judas 1:14). Die Bybel sê nie vir ons dat hy iets groots uitgevoer, of 'n spesiale plig nagekom het nie. Steeds, omdat Henog vir God diep in sy hart gevrees het, kwaad vermy het, en 'n heilige lewe gelei het, om naby Hom te wees, het God hom vinniger weggeneem om naby Hom te wees.

Daarom, sê Hebreërs 11:5 vir ons, "Omdat Henog geglo het, is hy weggeneem sonder dat hy gesterf het, en hy was nêrens te vind nie, omdat God hom weggeneem het. Van hom word getuig dat hy, voordat hy weggeneem is, geleef het soos God dit wou." Eweneens, Henog wie die soort geloof besit het, om God te verheerlik, was geseënd om naby God te wees, en na die hemel weggeneem te word sonder om die dood te belewe, en het die tweede hoogste rang in die hemel bekom.

Abraham was 'n vriend van God genoem

Nou, wat se soort pragtige hart het Abraham gehad, sodat hy 'n vriend van God genoem kon word, en as derde hoogste in die hemel beskou kon word?

Abraham het God volkome vertrou en Hom gehoorsaam. Toe hy sy land op God se bevel verlaat het, het hy nie eers sy bestemming geweet nie, maar in gehoorsaamheid het hy sy tuisdorp en ekonomiese basis verlaat. Verder, toe hy beveel was om sy seun Isak, aan wie hy op die ouderdom van 100 jaar geboorte gegee het, as 'n brandoffer te offer, het hy dadelik gehoorsaam. Hy het God, wie goed en Almagtig is vertrou. Hy, wie dooies kon opwek.

Ewemin, was Abraham enigsins selfsugtig nie. Byvoorbeeld, toe sy neef Lot en sy eie besittings te veel geword het om saam te bly, het Abraham Lot eerste laat kies, deur te sê, "Daar behoort nie 'n getwis te wees tussen my en jou en tussen my veewagters en joune nie, want ons is familie. Die hele land lê oop voor jou. Gaan jy liewer weg van my af. As jy links gaan, gaan ek regs; en as jy regs gaan, gaan ek links" (Genesis 13:8-9).

Tydens een geleentheid, het 'n aantal konings saamgestaan en Sodom en Gomorra aangeval, en al die goedere en voedsel gekonfiskeer, asook die goedere van Lot, wie in Sodom gewoon het. Toe, het Abraham 318 manne geneem, wie in sy huishouding gebore en opgelei was, en die konings agtervolg en die goedere en voedsel teruggebring. Die koning van Sodom wou vir Abraham van die herwinde goedere as 'n teken van dankbaarheid gee, maar hy het dit van die hand gewys. Abraham het dit gedoen, om te bewys dat sy seëninge van God afkomstig is. Eweneens, Abraham was met geloof aan God se glorie gehoorsaam, met 'n hart wat so suiwer en pragtig soos kristal is. Dit is waarom God Hom oorvloedig op die aarde en in die hemel geseën het.

Moses, leier van die uittog

Wat se soort hart het Moses, leier van die uittog gehad, dat hy die vierde hoogste rang in die hemel het? Numeri 12:3 sê vir ons, "Moses was 'n uiters sagmoedige man, meer as enigiemand anders op die aarde."

In Judas is toneel waarin die aartsengel Migael 'n geskil met die duiwel gehad het, oor Moses se liggaam en dit was omdat Moses gekwalifiseer het, om na die hemel weggeneem te word, sonder om die dood te belewe. Toe Moses 'n prins in Egipte was, het hy eenkeer 'n Egiptenaar doodgemaak, omdat laasgenoemde 'n Israeliet geslaan het. As gevolg hiervan het die duiwel vir

Moses geblameer, dat hy die dood al gesien het.

Nogtans, die aartsengel Migael het met die duiwel geredeneer, deur te sê dat Moses al sy sondes en kwaad verwerp het, en dat hy kwalifiseer om weggeneem te word. In Matteus 17 lees ons dat Moses en Elia vanaf die hemel verskyn het, om met Jesus 'n gesprek te voer. Uit hierdie feite kan ons aflei, wat met Moses se liggaam gebeur het.

Moses moes vanaf Farao se paleis wegvlug, omdat hy die moord gepleeg het. Daarna, het hy vir veertig jaar in die woestyn skape geteel. Deur die beproewing in die woestyn het Moses al sy trots, begeertes en sy eie regverdigheid verwoes, wat hy as 'n prins in Farao se paleis gehad het. Eers daarna het God vir hom die taak gegee, om die Israeliete uit Egipte te lei.

Nou moes Moses, wie eenkeer 'n persoon doodgemaak het en gevlug het, weer na Farao teruggaan en die Israeliete, wie vir 400 jaar slawe was, uit Egipte terugbring. Dit blyk menslik onmoontlik te wees, maar Moses het vir God gehoorsaam en na Farao gegaan. Niemand anders was geskik om die leier te wees, om miljoene Israeliete uit Egipte te lei, na die land Kanaan toe nie. Dit is waarom God eerstens vir Moses vir veertig jaar in die woestyn verfyn het, en hom 'n groot figuur gemaak het, wie al die Israeliete kon omhels en weerstaan het. Op hierdie wyse, kon Moses 'n persoon word, wie tot die dood toe gehoorsaam sal wees, deur die beproewinge en kon hy die taak om die uittog te lei, uitvoer. Ons kan maklik in die Bybel sien, hoe groot Moses werklik was.

Moses het toe na die Here toe teruggegaan en gesê: Hierdie volk het 'n ernstige sonde gedoen deur vir hulle 'n god van goud te maak. Vergewe tog hulle sonde. As dit nie kan nie, moet U my naam uitvee uit die boek wat U geskrywe het." (Eksodus 32:31-32)

Moses het geweet dat om sy naam uit die Here se boek te vee, beteken nie net fisiese dood nie. Hy het geweet dat hulle wie se name nie in die Boek van Lewe geskrywe is nie, sal in die hel se vuur gegooi word, die ewige dood, en vir ewig ly. Moses was bereid om die ewige dood te neem, in ruil vir die mense se sondevergifnis.

Wat het God gedink, deur na Moses te kyk? God was so verheug oor hom, omdat hy God se hart volkome verstaan, wat sonde haat en nogtans die sondaars wil red; God het sy gebed verhoor. God het Moses meer waardevol as al die Israeliete beskou, omdat sy hart reg was in God se oë, en so suiwer en helder soos die water van die lewe was, waarvan die oorsprong by God se troon is.

Indien daar 'n diamant so groot soos 'n boontjie is, sonder vlek of merk en honderde edelstene van vuisgrootte, wat sal jy as die waardevolste beskou? Niemand sal 'n stuk diamant vir gewone edelstene verruil nie.

Daarom, besef die feit dat Moses alleen, wie God se hart in hom ten uitvoer gebring het, groter was as al die mense van Israel gesamentlik, dan moet ons harte tot stand bring, wat so suiwer en pragtig soos kristal is.

Paulus, die apostel vir die Nie-Jode

Die vyfde in die hemelse rangorde is die apostel Paulus, wie sy lewe aan die evangeliebediening, van die nie-Jode gewy het. Alhoewel hy getrou teenoor God se koninkryk was, tot die dood met so baie geesdrif, oor een ding voel hy nog baie spyt. Dit is die feit dat hy eens op 'n tyd gelowiges van Jesus Christus vervolg het, voordat hy die Here aangeneem het. Dit is waarom hy in 1 Korintiërs 15:9 bely, "Ek is immers die geringste van die apostels en is nie werd om 'n apostel genoem te word nie, omdat ek die kerk van God vervolg het."

Nietemin, aangesien hy so 'n goeie siel was, het God hom gekies, verfyn en as die apostel vir die nie-Jode gebruik. 2 Korintiërs 11:23 en verder, verduidelik breedvoerig baie beproewinge wat hy moes deurmaak, tydens sy evangeliebediening. Ons kan sien dat hy so baie gely het, dat hy begin moed opgee het, in die lewe. Hy was geslaan en baie keer in die tronk gestop. By vyf geleenthede het hy vanaf die Jode die gebruiklike nege en dertig sweepslae ontvang; drie maal was hy met rottangs geslaan; een maal is hy met klippe gegooi; drie maal het hy skipbreuk gely, en een maal het hy 'n dag en 'n nag in die oop see deurgebring; daar was dikwels nagte sonder slaap; hy het honger en dors geken en was dikwels sonder kos, sonder skuiling of bedekking teen die koue (2 Korintiërs 11:23-27).

Paulus het so baie gely, dat hy in 1 Korintiërs 4:9 bely het, "Dit lyk vir my God het aan ons, die apostels, die laaste plek in die ry gegee asof ons mense is wat tot die dood in die arena veroordeel is. Ons het 'n skouspel geword vir die wêreld, vir engele sowel as vir mense."

Waarom, dan, het God so baie ontberings en vervolgings vir Paulus toegelaat, hy wie getrou was tot die dood toe? God kon vir Paulus teen al die ontberings beskerm het, maar Hy wou gehad het dat Paulus 'n hart so suiwer en pragtig soos kristal moet bekom, deur al daardie ontberings. Na alles, die apostel Paulus kon gemak en vreugde slegs by God verkry, homself volkome ontken, en dieselfde perfekte gedaante as Christus aanneem. Nou kon hy in 2 Korintiërs 11:28 bely, "Behalwe dit alles was daar nog die daaglikse bekommernisse, die besorgdheid oor al die gemeentes."

Hy het ook in Romeine 9:3 bely, "Ek sou self vervloek wou wees, afgesny van Christus, as dit tot hulle voordeel kon wees." Paulus, wie hierdie soort hart gehad het, so suiwer en pragtig soos kristal, kon nie alleenlik Nuwe Jerusalem ingaan nie, maar ook naby aan God se troon woon.

3. Pragtige Vroue in God se Oë

Ons het alreeds na die eerste feesmaal in Nuwe Jerusalem gekyk. Met God die Vader se binnekoms in die saal, was daar 'n vrou agter Hom gewees. Sy het God die Vader in 'n lang wit rok, wat met verskeie juwele versier is, wat amper die grond raak, vergesel. Die vrou is Maria Magdalena. Met inagneming van die omstandighede dat in daardie tyd, waarin die vroue se publiekerolle beperk was, kon sy nie baie verrig het om God se koninkryk ten uitvoer te bring nie, maar sy was so 'n pragtige vrou in God se oë, dat sy by die eerbiedigste plek in die hemel kon ingaan.

Net soos wat daar 'n rangorde onder die profete is, in ooreenstemming tot watter mate hulle aan God se hart gelyk geword het, is daar ook in die hemel 'n rangorde vir die vroue in ooreenstemming, tot watter mate hulle deur God erken en geliefd word.

Dus, watter soort lewens lei sulke vroue om deur God erken en geliefd te word, sodat hulle mense van eer in die hemel kan word?

Maria Magdalena het die opgestane Here eerste ontmoet

Maria Magdalena, is die vrou, vir wie God die liefste het. Vir 'n lang tydperk, was sy beperk tot die krag van duisternis, en het sy veragting en minagting van ander ontvang, en as gevolg van verskeie siektes gely. Tydens een van daardie moeilike dae, het sy die nuus omtrent Jesus gehoor. Sy het 'n duursame parfuum voorberei, en na Hom gegaan. Sy het gehoor dat Jesus na een van die Fariseërs se huise gekom het, en daarheen gegaan. Sy kon dit nie waag om daarheen te gaan nie, alhoewel sy daarna uitgesien het, om Hom te ontmoet. Sy het agter om Hom beweeg, Sy voete deurdrenk met haar trane, dit met haar hare afgedroog, die fles met olie gebreek en die parfuum op Sy voete uitgegooi. Sy was van die pyne en siektes verlos, deur hierdie handeling van geloof, en sy was baie dankbaar gewees. Daarna, was sy baie lief vir Jesus en Hom orals gevolg, waar Hy gaan. Sy het so 'n pragtige vrou geword, wat haar hele lewe aan Hom toegewy het (Lukas 8:1-3).

Sy het selfs vir Jesus tydens Sy kruisiging gevolg, en toe Hy Sy laaste asem uitgeblaas het, alhoewel sy besef het dat haar teenwoordigheid, haar lewe kon geëis het. Maria het verby die vlak beweeg, waar sy bloot die genade teruggegee het, wat sy ontvang het, maar Jesus gevolg, alles oorgelewer, insluitende haar lewe.

Maria Magdalena, wie vir Jesus so liefgehad het, het die eerste persoon geword om die Here, na Sy opstanding, te ontmoet. Sy het die grootste vrouefiguur in die geskiedenis van die mens geword, omdat sy so 'n goeie hart en pragtige dade gehad het, dat dit selfs vir God aangeraak het.

Die Maagd Maria was geseënd om Jesus te baar

Die tweede vrou tussen die pragtigste vroue in God se oë is die Maagd Maria, wie geseënd was om Jesus te baar. Hy wie die Saligmaker van alle mense geword het. Ongeveer 2,000 jaar gelede, moes Jesus in vlees gekom, om alle mense van hulle sondes te verlos. Om dit te vervul, was 'n vrou, Maria, deur God toegewys. Maria, wie op daardie stadium aan Josef verloof was, was uitverkies. God het haar vooraf, deur die aartsengel Gabriël ingelig, dat sy vir Jesus deur die Heilige Gees sou baar. Maria het nie getwyfel nie, en dapper haar geloof bely, "Ek is tot beskikking van die Here. Laat met my gebeur wat u gesê het" (Lukas 1:26-38).

Indien 'n maagd in daardie tyd swanger geraak het, was dit nie net 'n algemene skande nie, maar sy was volgens Moses se Wet gestenig, tot die dood toe. Nogtans, het sy diep in haar hart geglo dat by God is niks onmoontlik nie, en gevra dat dit sal gebeur, soos aan haar gesê. Sy het 'n goed genoeg hart gehad, om God te gehoorsaam, selfs al was haar eie lewe in gevaar. Hoe gelukkig en dankbaar sou sy nie gewees het, om eerste vir Jesus te baar of wanneer sy Hom sien opgroei, deur God se krag! Dit was so 'n seën wat met Maria gebeur het, 'n blote skepsel.

Dit is waarom sy so gelukkig was om net eenvoudig na Jesus te kyk, en sy het Hom gedien en liefgehad, meer as haar eie lewe. Op hierdie wyse, was die Maagd Maria oorvloedig deur God geseënd, en het die ewige glorie, na al die ander vroue in die hemel ontvang.

Ester het niks namens God se wil gevrees nie

Ester, wie haar mense dapper deur geloof en liefde gered het, het 'n pragtige vrou in God se oë geword, en het die vernaamste posisie in die hemel bereik.

Nadat koning Ahasveros van Persië, die koningin Vasti se koninklike posisie weggeneem het, was Ester uit al die baie pragtige vroue uitverkies, om koningin te word, alhoewel sy 'n Jood was. Sy was deur die koning en baie ander mense geliefd, omdat sy nederig was en nie hoogmoedig nie, maar haar met reinheid en keurigheid verfraai het, selfs al was sy reeds baie mooi gewees.

Intussen, terwyl sy in die koninklike posisie was, het die Jode 'n groot krisis beleef. Haman die Agagiet, was deur die koning vereer en bevorder. Hy was woedend toe 'n Jood, genaamd Mordegai, nie voor hom wou neerkniel uit respek en eer nie. Dus, het hy 'n komplot gesmee om alle Jode in Persië te vernietig, en het die koning se toestemming gekry om so te maak.

Ester het drie dae vir haar mense gevas, en besluit om na die koning te gaan (Ester 4:16). Ooreenkomstig die Persiese wet van daardie tyd, indien iemand na die koning gaan, sonder dat hy jou laat roep het, dan moet hy of sy doodgemaak word, behalwe wanneer die koning sy goue septer na die persoon uithou. Na haar drie-dae vasperiode het Ester op God vertrou, en het na die koning gegaan met haar besluit, "As ek moet omkom, moet ek maar omkom." As gevolg van God se tussenkoms, is Haman, wie 'n komplot gesmee het, homself doodgemaak. Ester het nie alleenlik haar mense se lewens gered nie, maar daarna was die koning nog meer lief vir haar gewees.

Eweneens, Ester was aanvaar as 'n pragtige vrou en het die

heerlike posisie in die hemel bereik, omdat sy sterk in die geloof en waarheid was. Sy het die moed gehad, om haar lewe op te offer, indien dit God se wil was.

Rut het 'n pragtige en goeie hart gehad

Nou, laat ons in die lewe van Rut delf. Sy is ook erken as 'n pragtige vrou in God se oë, en het een van die grootste vroue in die hemel geword. Watter soort hart en dade het sy gehad, om God te verheerlik en geseënd te word?

Rut, die Moabiet, het met 'n Israeliet getrou, wie se familie na Moab verhuis het, as gevolg van 'n ernstige droogte, en het spoedig haar man verloor. Alle mans in haar familie het jonk gesterf, dus het sy saam haar skoonmoeder Naomi, en haar skoonsuster Orpa, gewoon. Naomi, was bekommerd oor hulle toekoms, en voorgestel dat haar twee skoondogters na hulle eie families moet terugkeer. Orpa het Naomi in trane verlaat, maar Rut het agtergebly. Rut het hierdie emosionele belydenis gemaak:

Moet my tog nie dwing om van u af weg te gaan en om, om te draai nie, want waar u gaan, sal ek gaan; waar u bly, sal ek bly; u volk is my volk; u God is my God; waar u sterf sal ek sterf en daar sal ek begrawe word. Ek lê 'n eed af voor die Here: net die dood sal ons skei (Rut 1:17-18).

Aangesien Rut hierdie soort pragtige hart gehad het, het sy nooit aan haar eie voordeel gedink nie, maar slegs die goedheid gevolg, selfs al kon dit vir haar nadelig wees. Sy het haar plig gedoen, deur haar skoonmoeder gelowig met vreugde te dien.

Rut se daad, om haar skoonmoeder te dien was so mooi, dat die hele dorp van Rut se getrouheid geweet het, en haar liefgehad het. Uiteindelik, met haar skoonmoeder se hulp, het sy met 'n man, genaamd Boas, 'n familie-losser getrou. Sy het aan 'n seun geboorte gegee, en die grootmoeder van Koning Dawid geword (Rut 4:13-17). Verder, was Rut geseënd om op Jesus se geslagsregister te wees, selfs al was sy 'n nie-Joodse vrou (Matteus 1:5-6), en een van die pragtigste vroue, na Ester, in die hemel.

4. Maria Magdalena Woon Naby God se Troon

Wat, is, dan die rede waarom God ons bewus maak, van die eerste feesmaal van Nuwe Jerusalem, asook die rangordes van profete en vroue? Die God van liefde wil nie alleenlik hê, dat alle mense die saligheid moet ontvang, en die koninkryk van die hemel moet bereik nie, maar ook aan Sy hart gelyk word, sodat hulle naby Sy troon in Nuwe Jerusalem kan woon.

Vir ons om die eer te ontvang, om naby God se troon in Nuwe Jerusalem te woon, moet ons harte Sy hart verteenwoordig, wat so helder en pragtig soos kristal is. Ons moet die pragtige hart, soos die twaalf fondamente van Nuwe Jerusalem se mure, ten uitvoer bring.

Daarom, van nou af verder, gaan ons in die lewe van Maria Magdalena delf, wie God die Vader dien en naby Sy troon woon. Terwyl ek vir die "Lesings oor Johannes se Evangelie" gebid het, het ek met die Heilige Gees se hulp, breedvoerig kennis oor Maria Magdalena se lewe opgedoen. God het aan my openbaar, uit watter soort familie Maria Magdalena gebore was, hoe sy gelewe het, en hoe 'n gelukkige lewe sy kon geniet het, nadat sy Jesus ons Saligmaker ontmoet het. Ek hoop dat jy haar pragtige en goeie hart sal navolg, om die blaam op haarself met alles te neem, en haar lewegewende liefde vir die Here sodat jy ook die eer mag hê, om naby God se troon te kan woon.

Sy was uit 'n afgode-aanbidding familie gebore

Sy was genoem "Maria Magdalene" omdat sy in 'n dorp met die naam "Magdalena" gebore is, waar afgode-aanbidding floreer het. Haar familie was geen uitsondering nie; 'n vloek het oor haar familie vir baie geslagte gekom, as gevolg van afgode-aanbidding en baie probleme het ontstaan.

Maria Magdalena, wie onder die ergste geestelike situasie gebore was, kon nie behoorlik eet nie, as gevolg van 'n maagongesteldheid. Ook, omdat sy die meeste van die tyd fisies swak was, was haar liggaam vir die meeste siektes vatbaar. Verder, het selfs haar maandstonde op 'n baie jong ouderdom gestop, en het sy 'n belangrike funksie van 'n vrou verloor. Dit is waarom sy altyd in haar huis gebly het, en haarself onttrek het, asof sy nie tuis was nie. Nogtans, selfs wanneer sy deur haar familielede verag en koel behandel was, het sy nooit enige klagtes teen hulle gehad nie. In plaas daarvan, het sy hulle verstaan en probeer om 'n bron van krag vir hulle te wees, deur die blaam op haar geneem. Toe sy besef het dat sy nie aan haar familie krag verleen nie, maar slegs 'n las bly, het sy haar familie verlaat. Dit was nie uit haat of afkeer van hulle mishandeling nie, maar slegs omdat sy nie vir hulle 'n las wou wees nie.

Haar beste probeer, deur al die blaam op haar te neem

Intussen het sy 'n man ontmoet, om op hom te reken, maar hy was so 'n sondige mens gewees. Hy het nie probeer om die familie te ondersteun nie, maar eerder gedobbel. Hy het vir Maria Magdalena gevra om vir hom nog geld te bring, en dikwels op haar geskree en haar geslaan.

Maria Magdalene het begin naaldwerk doen, terwyl sy na 'n konstante inkomstebron gesoek het. Steeds, omdat sy natuurlik swak was en die hele dag moes werk, het sy so verswak dat sy naderhand van iemand afhanklik was, om selfs te beweeg. Nogtans, selfs alhoewel die man deur haar ondersteun was, was hy nie eers dankbaar daaroor nie, maar haar slegs geminag en haar verlaat. Maria Magdalene het hom nie gehaat nie, maar was eerder jammer dat sy nie vir hom van meer hulp kon wees nie, as gevolg van haar swak liggaam, en het sy mishandeling as redelik beskou.

Terwyl haar situasie so desperaat was, deur haar ouers, broers, en haar man versaak, het sy goeie nuus verneem. Sy het nuus van Jesus verneem wie wonderwerke uitvoer, sodat blindes kan sien, en stommes weer kan praat. Toe Maria Magdalene van al hierdie dinge gehoor het, het sy geen twyfel oor al die tekens en wonderwerke van Jesus gehad nie, omdat haar hard so goed was. In plaas daarvan, het sy geglo dat haar swakheid en siektes genees sal word, wanneer sy eers vir Jesus ontmoet het.

Sy het met geloof, daarna uitgesien om Jesus te ontmoet. Uiteindelik, het sy gehoor dat Jesus na haar dorp gekom het, en aan die huis van 'n Fariseër met die naam Simon tuisgaan.

Uitgooi van parfuum met geloof

Maria Magdalena was so gelukkig, dat sy parfuum gekoop

het, met die geld wat sy met naaldwerk gespaar het. Wat deur haar gemoed moes gegaan het, om Jesus te kon ontmoet, kan nie voldoende beskryf word nie.

Mense het haar probeer keer om naby Jesus te kom, as gevolg van haar verslete klere, maar niemand kon eintlik haar liefde keer nie. Nieteenstaande van die mense se bitsige glure, het Maria Magdalena voor Jesus verskyn, en haar trane onophoudelik gestort, toe sy, Sy vriendelike figuur gesien het.

Sy kon dit nie waag om voor Jesus te verskyn nie, daarom het sy agterom Hom gegaan. Toe sy by Sy voete was, het sy selfs meer trane gestort, en Sy voete met trane deurdrenk. Sy het Sy voete met haar hare afgedroog, en die fles met die parfuum gebreek, om op Sy voete te gooi, omdat Hy volgens haar so kosbaar was.

Aangesien Maria Magdalena voor Jesus met so 'n erns verskyn het, was sy nie alleenlik van al haar sondes vergewe, om die saligheid te verkry nie, maar ook wonderlike genesingswerk het plaasgevind, sodat al haar innerlike siektes sowel as haar velprobleem genees was. Al haar organe het weer normaal begin funksioneer, sodat selfs haar maandstonde weer begin het. Haar gesig wat so verskriklik gelyk het as gevolg van die baie siektes, was gevul met vreugde en blydskap en haar liggaam wat baie swak was, het weer gesond geword. Sy het weer haar waarde as 'n vrou gevind, en was nie meer langer deur die krag van die duistenis ingeperk nie.

Volg Jesus tot die einde

Maria Magdalene het iets balangriker as die genesing ervaar, waarvoor sy dankbaar was. Dit was die feit dat sy 'n persoon ontmoet het wie vir haar oorvlooedige liefde gegee het, wat sy nog nooit voorheen van enigiemand ontvang het nie. Hierna het sy al haar tyd en krag, aan Jesus met groot vreugde en dankbaarheid gewy. Aangesien haar gesondheid verbeter het, kon sy vir Jesus finansieël ondersteun, met naaldwerk of enige ander werk, en sy het Hom met haar hele hart gevolg.

Maria Magdalena het nie alleenlik vir Jesus gevolg, wanneer hy tekens en wonderwerke uitgevoer het en baie se lewens verander het, met Sy kragtige boodskappe nie, maar ook toe Hy onder die Romeinse soldate gely het, en die kruis opgeneem het. Selfs toe Jesus aan die kruis gehang het, was sy daar. Ondanks die feit dat haar teenwoordigheid haar lewe kon geëis het, het Maria Magdalena na Golgota gegaan, en Jesus gevolg terwyl Hy die kruis gedra het.

Wat sou sy gevoel het terwyl Jesus, vir wie sy so innig liefgehad het, so baie pyn moes verduur en al Sy water en bloed gestort het?

> Here, wat sal ek doen,
> wat sal ek doen?
> Here, hoe kan ek lewe?
> Hoe kan ek sonder U lewe, Here?
>
> ...
>
> Slegs indien ek die bloed kon neem
> wat U stort,
> Slegs as ek die pyn kon neem
> wat U verduur.
>
> ...

Here,
Ek kan nie sonder U lewe nie.
Ek kan nie lewe
tensy ek by U is.

Maria Magdalena het nie haar oë van Jesus af weggedraai nie, totdat Hy sy laaste asem uitgeblaas het nie, en het probeer om die glinster in Sy oë en Sy gesig, diep in haar hart te graveer. Verder, het sy vir Jesus tot Sy laaste oomblik dopgehou, en vir Josef van Arimatea gevolg, totdat hy Jesus se liggaam in 'n graf geplaas het.

Sien die opgestane Here teen dagbreek

Maria Magdalena het gewag dat die Sabbatdag moet verbygaan, en teen dagbreek op die dag daarna, het sy na die graf gegaan om geurolie op Jesus se liggaam te sit. Nietemin, sy kon nie Sy liggaam vind nie. Sy was innig hartseer en het gehuil, toe verskyn die opgestane Here aan haar. Dit is hoe sy die opgestane Here ontmoet het, voordat enigiemand anders Hom ontmoet het.

Selfs nadat Jesus aan die kruis gesterf het, kon sy dit nie glo nie. Jesus was haar alles en sy was so baie lief vir Hom gewees. Hoe bly moes sy nie gewees het, om die opgestane Here in so 'n vreeslike situasie te ontmoet nie! Sy kon die haar trane beheer, in die groot emosionele oomblik nie. Sy het nie vir die Here aanvanklik erken nie, maar toe roep Hy haar op haar naam "Maria" met 'n sagte stem. In Johannes 20:17 sê Jesus vir haar, "Moet My nie vashou nie, want Ek het nog nie na die Vader toe opgevaar nie. Maar gaan na my broers toe en sê vir hulle: 'Ek vaar op na my Vader toe, wat ook julle Vader is, na my God, wat ook julle God is.'" Aangesien die Here ook vir Maria Magdalena baie liefgehad het, het Hy Homself aan haar vertoon, voordat Hy die Vader na die opstanding ontmoet het.

Oordra van die nuus omtrent Jesus se opstanding

Kan jy jou voorstel, hoe onbeheerbaar gelukkig moes Maria Magdalena gewees het, toe sy die opgestane Here, vir wie sy so baie liefgehad het, ontmoet het? Sy het bely dat sy vir ewig by die Here wil bly. Die Here het haar hart geken, maar aan haar verduidelik dat sy nie vir die oomblik nie by Hom kon bly nie, en vir haar 'n opdrag gegee. Sy moes die nuus omtrent Sy opstanding aan die dissipels gaan oordra, omdat hulle gedagtes rustig en gemaklik moes word, na die skok van Jesus se kruisiging.

In Johannes 20:18 sien ons dat "Maria Magdalena het toe vir die dissipels gaan sê: 'Ek het die Here gesien!' en sy het ook vertel wat Hy vir haar gesê het.'" Die feit dat Maria Magdalena 'n getuie van die Here se opstanding was, voor iemand anders dit gesien het, en die nuus aan die dissipels oorgedra het, was nie bloot toevallig nie. Dit was die gevolg van, al haar toewyding en diens aan die Here, met haar hartstogtelike liefde vir Hom.

Indien Pilatus vir iemand sou gevra het, wie namens Jesus gekruisig wou word, sou sy die eerste een gewees het om te sê "Ja" en na vore gekom; Maria Magdalena het vir Jesus meer liefgehad as vir haarself, en Hom met volkome toewyding gedien.

Die eer om God die Vader te dien

God was so ingenome met Maria Magdalena, wie so goedhartig en sonder kwaad was, en volkome geestelike liefde gehad het. Maria Magdalena het vir Jesus met 'n onveranderlike en ware liefde liefgehad, sedert sy Hom ontmoet het. God die Vader wie haar goeie en pragtige hart ontvang het, wou haar naby Hom plaas, om die goeie en lieflike aroma van haar hart te beleef. Dit is waarom, toe die tyd reg was, het Hy vir Maria Magdalena toegelaat om die glorie te bereik om Hom te dien, en selfs Sy troon aan te raak.

Wat God die Vader die graagste wil hê, is om ware kinders te bekom, saam met wie Hy Sy liefde vir ewig kan deel. Dit is waarom Hy die menslike ontwikkeling beplan het, Homself in die Drie-eenheid omvorm het, en met die menslike wesens op die aarde vir 'n baie lang tyd gewag en uitgestaan het.

Dus, wanneer die woonplekke in die hemel almal gereed is, sal die Here op die wolke verskyn, en die bruiloffees met Sy bruide laat plaasvind. Dan sal Hy vir hulle saam met Hom, vir een duisend jaar laat regeer, waarna Hy hulle na die hemelse woonplekke sal lei. Ons sal saam met God die Drie-eenheid, in die grootste blydskap en vreugde in die hemel vir ewig lewe, wat so helder, suiwer en pragtig soos kristal is, gevul met God se glorie. Hoe gelukkig sal hulle, wie Nuwe Jerusalem ingaan nie wees nie, aangesien hulle God van aangesig tot aangesig sal ontmoet, en vir ewig by Hom sal bly!

Twee duisend jaar gelede het Jesus gevra, "Maar sal die Seun van die mens by sy koms nog geloof op die aarde vind?" (Lukas 18:8) Dit is baie moeilik, om vandag ware geloof te vind.

Die apostel Paulus, wie die sending gelei het om die evangelie aan die Nie-Jode te verkondig, het kort voor sy dood 'n kort brief aan Timoteus, sy geestelike seun geskryf. Timoteus, homself het weens ketter verdeeldheid en vervolgings van die Christene gely.

Ek beveel jou voor God en voor Christus Jesus wat die lewendes en die dooies sal oordeel, ek beveel jou met die oog op sy koms en sy koningskap: verkondig die woord; hou daarmee vol, tydig en ontydig; weerlê, bestraf, bemoedig deur met alle geduld onderrig te gee, want daar sal 'n tyd kom wanneer die mense die gesonde leer nie meer sal verdra nie. Hulle sal hulle eie begeertes volg en vir hulle leermeesters bymekaarmaak wat net sal sê wat hulle graag wil hoor. Hulle sal die waarheid nie wil hoor nie en hulle tot verdigsels wend. Maar bly jy in alle omstandighede nugter, verdra lyding, doen jou werk as verkondiger van die evangelie, voer al die pligte van jou bediening uit. Wat my betref, ek word alreeds as drankoffer uitgegiet. Die tyd van my dood is voor die deur. Ek het die goeie wedloop afgelê; ek het die wenstreep bereik; ek het gelowig end-uit volgehou. Nou wag die oorwinnaarskroon vir my, die lewe by God. Op die dag dat Hy weer kom, sal die Here, die regverdige Regter, dit vir my gee, en nie net vir my nie, maar ook vir almal wat met verlange uitsien na sy koms" (2 Timoteus 4:1-8).

Indien jy vir die hemel hoop en na die Here se wederkoms uitsien, moet jy probeer om ooreenkomstig God se Woord te lewe, en die goeie stryd te stry. Die apostel Paulus was altyd verheug, alhoewel hy baie gely het, terwyl hy die goeie nuus versprei het.

Daarom, moet ons, ons harte heilig maak en ons pligte beter uitvoer as wat van ons verwag word, om God te verheerlik, sodat ons ware liefde vir ewig kan deel, en naby God se troon kan bly.

"My Here,
wie weer kom
op die wolke van glorie,
ek verlang na die dag
dat U my sal omhels!
By U heerlike troon,
vir ewig sal ons die liefde deel
wat ons nie op die aarde kon deel nie,
en die verlede saam sal onthou.
O! Ek sal na die hemelse koninkryk gaan
terwyl ek dans
wanneer die Here my roep!
O, die hemelse koninkryk!"

Die outeur:
Dr. Jaerock Lee

Dr. Jaerock Lee is in 1943 in Muan, Jeonnam Provinsie, Republiek van Korea gebore. Gedurende sy twintigerjare het Dr. Lee vir sewe jaar aan 'n verskeidenheid ongeneeslike siektetoestande gely, en op die dood gewag, met geen hoop op herstel nie. Nogtans, eendag gedurende die lente van 1974 het sy suster hom saam kerk toe geneem. Terwyl hy gekniel het om te bid, het die lewende God hom onmiddellik van al sy siektes genees.

Vanaf die oomblik wat hy die lewende God ontmoet het, deur die wonderlike ervaring, het Dr. Lee vir God met sy hele hart opreg liefgehad, en in 1978 was hy as 'n dienskneg van God geroep. Hy het vuriglik gebid met ontelbare vastingsgebede sodat hy duidelik die wil van God kon verstaan, en dit volledig ten uitvoer kon bring, en die Woord van God gehoorsaam. In 1982 het hy die Manmin Sentrale Kerk in Seoul, Korea gestig, waar ontelbare wonderwerke van God, insluitende wonderbaarlike genesings, tekens en wonderwerke al plaasgevind het. Sedertdien gaan dit by sy kerk nog steeds voort.

In 1986 was Dr. Lee as 'n pastoor by die jaarlikse vergadering van die Jesus Sungkyul Kerk van Korea georden, en vier jaar later in 1990, was daar begin om sy preke na Australië, Rusland en die Filippyne uit te saai. Binne 'n baie kort tydperk was meer lande deur middel van die 'Far East Broadcasting Company, the Asia Broadcast Station, and the Washington Christian Radio System' bereik.

Drie jaar later in 1993, was Manmin Sentrale Kerk aangewys as een van die "World's Top 50 Churches" deur die Christelike Wêreld tydskrif (VS) en hy ontvang 'n Ere Doktorsgraad van die Christelike Geloofs Kollege, Florida, VSA, en in 1996 ontvang hy sy Ph. D. in Teologie van Kingsway Teologiese Kweekskool, Iowa, VSA.

Sedert 1993 het Dr. Lee wêreld evangelisasiewerk uitgebou deur baie oorsese kruistogte in Tanzanië, Argentinë, Los Angeles, Baltimore Stad, Hawaii, en New York Stad van die VSA, Uganda, Japan, Pakistan, Kenia, die Filippyne, Honduras, Indië, Rusland, Duitsland, Peru, Demokratiese Republiek van die Kongo, Israel en Estonia aan te bied.

In 2002 was hy as 'n "worldwide revivalist" vir sy kragtige evangeliebediening in verskeie oorsese kruistogte, deur die groot Christelike nuusblad in Korea, erken. In besonder was sy 'New York Crusade 2006' gehou in Madison Square Garden, die wêreld se beroemdste optree arena. Die optrede was na 220 nasies uitgesaai, en in sy 'Israel United Crusade 2009', gehou by die Internasionale Byeenkoms Sentrum in Jerusalem, het hy dapper aangekondig dat Jesus Christus waarlik die Messias en Redder is.

Sy preke word na 176 nasies per satelliet insluitende GCN TV uitgesaai. Hy was ook as een van die 'Top 10 Most Influential Christian Leaders' van 2009 gelys. In 2010 ook by die populêre Russiese Christelike tydskrif, In Victory, en die nuusagentskap Christelike Telegraaf, vir sy kragtige evangeliebediening tydens televisie-uitsendings, en oorsese kerklike pastoraatwerk.

Sedert Mei 2013 is Manmin Sentrale Kerk 'n gemeente met meer as 120,000 lidmate. Daar is wêreldwyd meer as 10,000 kerktakke insluitende 56 plaaslike kerktakke, en meer as 129 sendelinge is na 23 verskillende lande gesekondeer, insluitende die Verenigde State, Rusland, Duitsland, Kanada, Japan, China, Frankryk, Indië, Kenia en baie meer tot dusver.

Tot op datum van hierdie publikasie, het Dr. Lee reeds 85 boeke, waaronder topverkopers soos,' Tasting Eternal Life before Death, My Life My Faith I & II, The Message of the Cross, The Measure of Faith, Heaven I & II, Hell, Awaken, Israel!, en The Power of God' geskryf. Sy werke is in meer as 75 verskillende tale vertaal.

Sy Christelike Kolomme verskyn in 'The Hankook Ilbo, The JoongAng Daily, The Chosun Ilbo, The Dong-A Ilbo, The Munhwa Ilbo, The Seoul Shinmun, The Kyunghyang Shinmun, The Korea Economic Daily, The Korea Herald, The Shisa News, en The Christian Press'.

Dr. Lee is tans 'n leiersfiguur by baie sendingorganisasies en verenigings. Posisies sluit in: 'Chairman, The United Holiness Church of Jesus Christ; President, Manmin World Mission; Permanent President, The World Christianity Revival Mission Association; Founder & Board Chairman, Global Christian Network (GCN); Founder & Board Chairman, World Christian Doctors Network (WCDN); and Founder & Board Chairman, Manmin International Seminary (MIS).'